Weniger ist fair!
Über die notwendige Diskussion zu Gesellschaft und Politik

von Nico Piehl

Kontakt:
Nico Piehl
Reumtengrüner Straße 17
08209 Auerbach Vogtland

Herstellung und Verlag: BoD-Books on Demand, Norderstedt

ISBN: *9783705410268*

Gliederung:

1. Vorwort:

Der Begriff ‚Revolution' wird im 21. Jahrhundert nahezu inflationär gebraucht. Mal ist die Rede von der ‚digitalen Revolution', welche den Wandel von der einstigen Produktions- hin zur Dienstleistungsgesellschaft bezeichnet, ein anderes Mal steht der Terminus ‚Revolution' für eine neuartige technische Innovation, das alles Dagewesene in den Schatten zu stellen vermag.

Aber die politischen Protagonisten scheinen sich gleichfalls dieses Wortes zu bedienen. Gerade im Hinblick auf das Jahr ‚1968', sein bundesdeutsches Wirken sowie die Reaktion manch konservativer Politiker, die nun eifrig den Beginn einer *„bürgerliche[n] Revolution"*[1] beschwören. Das es sich dabei eher um einen modernen Kampfbegriff, denn um wirklich tiefgreifende politische Veränderungen handelt, ist nicht schwer zu erkennen. Auch der französische Präsident Macron, einst als ‚Shooting-Star' der französischen und europäischen Politik gehandelt, bedient sich des Revolutionsbegriffs in gleich zweifacher Weise: Zum einen um seine in literarischen Ambitionen verpackten Ansichten zu vermarkten, andererseits zur Zementierung

---

[1] Vates, Daniela (2018): CSU. Dobrindt ruft die „bürgerliche Revolution" aus, http://www.fr.de/politik/csu-dobrindt-ruft-die-buergerliche-revolution-aus-a-1419786, abgerufen am 23.9.2018.

von vermeintlichen Standesunterschieden zwischen ‚Politikern' in hohen Ämtern sowie ‚einfachen Schülern'. *„Wenn du eine Revolution anstiften willst, lernst du erst, wie du ein Diplom machst und dich ernährst."*[2] Das dieses Verhalten keinen Einzelfall darstellt wird im Verlauf des Werkes deutlich werden.

Wenn man sich dem Begriff selbst annimmt, so stellt man fest, dass die ‚Revolution' ein ähnlich schlechtes Ansehen genießt wie etwa der Begriff des Sozialismus. Letzteres mag mit den realhistorischen Geschehnissen in den ehemaligen ‚Ostblockstaaten' und der DDR begründet werden können, dennoch sollte auch verhältnismäßig agiert werden, denn heute erscheint ‚Sozialismus' mehr als Schreckgespenst bzw. Todschlagargument gegenüber einer zu starken Ausweitung sozialer Regularien.[3] Dabei soll mit Nichten der Versuch unternommen werden, die Missstände oder die Gräueltaten des SED-Regimes in irgendeiner Weise zu relativieren. Jedoch plädiere ich dafür, Begriffe nicht ausschließlich auf solche Ereignisse zu

---

[2] o.A. (2018): „Du nennst mich Präsident!" – Macron weist Teenager zurecht, https://www.welt.de/politik/ausland/article177814142/Frankreich-Emmanuel-Macron-weist-Jugendlichen-zurecht.html, abgerufen am 23.9.2018.
[3] Gesundheitsminister Spahn (CDU) prangerte Verbesserungen im Bereich der Pflege an, betonte jedoch zugleich, dass „[...] in der Pflege nicht der Sozialismus [eingeführt werde, N.P.]." Zeit online (15.8.2018)

begrenzen und diese quasi als pars pro toto[4] einer extremistischen Denkweise zu qualifizieren.

Doch zurück zum Begriff ‚Revolution'. Dieser hat mehrere, teils gegensätzliche, Bedeutungen inne. So kann Revolution als radikale Neuausrichtung bestehender politischer wie gesellschaftlicher Verhältnisse bezeichnet werden, wobei das gewaltsame Moment eine zentrale Rolle einnimmt.[5] Dem entgegen steht die Auffassung, dass Revolution lediglich eine Wandlung bisher geltender Prämissen, quasi eine schlichte Neuerung darstellt.[6] Diese Definition lässt, beispielsweise mit Blick auf die Bedeutung von Gewalt als Mittel der Veränderung, einen erheblichen Interpretationsspielraum zu. Wann genau eine Revolution als solche zu bezeichnen ist und welche Faktoren vorhanden sein müssen, ist also durchaus variabel. Im Folgenden Verlauf soll nun der Versuch unternommen werden, revolutionäre Politik auf die Bedürfnisse und Verhältnisse des 21. Jahrhunderts zu übertragen. Dabei stehen zunächst die Grundlagen im Fokus, welche den Nährboden jedweder sozialistischer respektive kommunistischer ‚Praxis' bilden. Es schließen sich die

---

[4] **Pars pro toto (lateinisch)** heißt, einen Teil stellvertretend für ‚das Ganze' heranzuziehen, hier: den Sozialismusbegriff als Teil gewaltbereiten Extremismus.

[5] Vgl. o.A.: die Revolution, https://www.duden.de/rechtschreibung/Revolution, abgerufen am 23.9.2018.

[6] Ebd.

Programme der in Deutschland existierenden revolutionären Organisationen an. Anhand derer soll deutlich gemacht werden, dass die bestehenden Weltbilder und praktischen Abhandlungen nicht erfolgreich sein können. Darüber hinaus werden die ideologischen wie programmatischen Annahmen der hier dargestellten Organisationen (MLPD, DKP, KPD sowie SGP) einer kritischen Bestandsaufnahme unterzogen, ehe sich die Perspektiven eröffnen sollen. Diese umfassen meiner Ansicht nach die *Sozialpolitik* (Pflege, Wohnungslosigkeit/ Mieten), die *Wirtschaftspolitik* (Verflechtung von politischen Parteien und Wirtschaftsunternehmen/ Spenden, Arbeitslosigkeit und Lohnentwicklung), das *Vertrauen in politische Personen und Institutionen* (Vertrauensbasis, Verhältnismäßigkeit der Diäten/Löhne) sowie die *gesellschaftliche Entwicklung* (gesellschaftlicher Aufbau und die Frage nach der Akzeptanz von Gewalt und Militanz).

Es geht in diesem Werk nicht um die Feststellung allseits gültiger Aussagen oder einem wie auch immer gearteten Führungsanspruch. Jedoch können die Annahmen, beispielsweise von Marx und Engels nicht unreflektiert auf die heutige Gesellschaft übertragen werden. Die ‚Basis‘, die Zusammensetzung der Gesellschaft sowie die

Problemfelder gestalten sich abweichend zu jenen des 19. und 20. Jahrhunderts. Des Weiteren ist der Avantgardeanspruch der als ‚revolutionär' deklarierten Parteien ein immenser Bremsklotz. Statt sich, gleich einem religiösen Propheten, als messianischen Erlöser zu inszenieren und auf eine kommende Heilsperiode zu verweisen, sollte es den Organisationen primär um die Lebenswirklichkeit und die Sorgen der Menschen gehen. Außerdem stellt die Begründung der Theorie mit menschenrechtlich fragwürdigen Persönlichkeiten, wie Stalin oder Mao einen weiteren Kritikpunkt dar. Es ist nicht möglich die Verbrechen und Vergehen von diktatorischen Systemen beiseite zu schieben, um sich vermeintlich positiver Aspekte (wobei von Sozialismus bzw. Kommunismus auch hier nicht die Rede sein kann) herauszufiltern.

Mit Hilfe dieser Ausarbeitungen soll letztlich den interessierten Menschen eine Basis für mögliche Perspektiven eröffnet und neue Wege, parteipolitisch wie zwischenmenschlich zugänglich gemacht werden. Nur allzu logisch erscheint hierbei das Problem, dass nicht alle angesprochenen Themen und Brennpunkte vollumfänglich aufgeklärt und gelöst werden können. Jedoch erscheint eine Vielzahl der Probleme in der bundesdeutschen

Gesellschaft (Pflegenotstand, Arbeiten ohne Rente, der Bezug zwischen Politikern und Bürgern) und der damit einhergehenden Fragen drängender denn je. Das dies aus meiner Sicht eine neue Art Partei und Parteiphilosophie unabdingbar macht, wird im Laufe des Buches deutlich werden. Denn mit den bestehenden parteilichen Kräften ist essentielle politische Veränderung nicht durchzusetzen. Dies hat verschiedene Gründe, auf welche ich später zu sprechen kommen werde, was eine Kooperation in bestimmten Fragen aber nicht ausschließt. Nur allzu illusionär wäre die Vorstellung einer neuen Partei, welche allumfassende Antworten zu geben vermag und so die Essenz der Demokratie, die Wiedergabe und den Vollzug der Interessen des Volkes, immerzu für sich geltend zu machen versucht.

Da ich zum Teil nicht um gewisse Begriffe und Schlagworte umhinkomme, findet sich an jedem zentralen Begriff eine Fußnote, in der diese dann nochmals einfacher erklärt werden. Letztlich finden sich am Ende jedes größeren Abschnitts Stichpunkte, die das Wesentliche aus dem vorangegangenen Kapitel zusammenfassen sollen.

2. ideologische Grundlagen – von Marx bis Mao:

Beinahe alle Parteien, die sich als Ziel der Revolution verschrieben haben, berufen sich auf verschiedenste Theoretiker des Marxismus respektive Kommunismus. Nachfolgend sollen die diversen Strömungen (Stalinisten, Maoisten, Trotzkisten, Marxisten-Leninisten etc.) kurz skizziert und dabei wesentliche Schnittmengen und Unterschiede deutlich gemacht werden.

2.1 Karl Marx und Friedrich Engels:

Als erstes fällt auf, dass es keine einheitliche Interpretation der marxistischen Theorie gibt, sondern diese je nach Lesart und Interessen, durchaus variabel ausgelegt werden kann.[7] Den Ausgangspunkt stellt aber die Lehre von Hegel dar, wonach sich der Mensch gegenüber seinem Nächsten genauso verhält, wie zu Gegenständen.[8] Marx nimmt dieses Argument auf und behauptet, dass Freiheit nur mit der Zusammenarbeit zwischen Menschen sowie deren innerem Streben nach dieser verwirklicht werden kann.[9]

---

[7] Vgl. Irorio, Marco (2012): Einführung in die Theorien von Karl Marx, S. 45.

[8] Vgl. Marx, Karl (1967): Die Arbeit als Wesen des Menschen, in: Fetscher, Iring (Hrsg.): Der Marxismus. Seine Geschichte in Dokumenten, S. 85.

[9] Vgl. Pies, Ingo (2005): Theoretische Grundlagen demokratischer Wirtschafts- und Gesellschaftspolitik – Der Beitrag von Karl Marx, in: Pies, Ingo, Martin Leschke (Hrsg.): Karl Marx' kommunistischer Individualismus, S. 2.

Es geht ihm dabei vordergründig um die freie Entfaltung des Menschen, der mittels der Umstände in denen er lebt, stets unter seinen eigenen Möglichkeiten zu verbleiben scheint.[10] Dies kann auch als praktische Anleitung zu einer Revolution verstanden werden, in welcher der Theorie allerdings eine nicht zu unterschätzende Rolle zukommt. *„Revolutionen bedürfen [...] einer materiellen Grundlage [...]. Es genügt nicht, dass der Gedanke zur Verwirklichung drängt, die Wirklichkeit muss sich selbst zum Gedanken drängen."*[11] In diesem Zusammenhang sei gesagt, dass es die Zustände innerhalb einer Gesellschaft sind, die den Ausschlag für oder wider eine Revolution geben. Die Theorie dient primär dazu, den Lesern bzw. dem Publikum diese mehr oder minder prekäre Situation vor Augen zu führen und sie auf diesem Wege zu sensibilisieren. Allerdings birgt diese ‚Bewusstseinsbildung' ein fundamentales Problem: es setzt an die Stelle von gemeinsamen Anstrengungen und Überlegungen zu lebenswirklichen Verbesserungen erneut den Standesunterschied zwischen den ‚Unwissenden' einerseits und der ‚erlauchten, informierten Führung' andererseits. Dieser Avantgardeanspruch wird im späteren Verlauf dieses Buches erneut zur Sprache kommen, wenn es um

---

[10] Ebd., S. 6.
[11] Ebd., S. 7.

die Frage nach möglichen Alternativen zu den bestehenden Parteiverbänden geht.

Die bisherige Geschichte ist, laut Marx, gekennzeichnet durch Klassenkämpfe und das Gewicht des Kommunismus in Politik und Wirtschaft gleichermaßen anerkannt. [12] Demnach bestehen zwei Klassen deren Interessen sich niemals auch nur ansatzweise vereinbaren lassen: die Bourgeoisie und das Proletariat. Die moderne Gesellschaft sei auf dem Ausschluss der Arbeiterschaft vom politischen wie wirtschaftlichen Geschehen gegründet und einzig dazu da, die Interessen der Unternehmer zu festigen respektive zu bewahren. [13] Wo zuvor durch militärische Methoden ausgebeutet wurde (Krieg, Besatzung, Reparationsleistungen etc.), findet nun eine primär wirtschaftliche Ausbeutung statt (Konkurrenzdruck, Preismechanismus, Kosten-Nutzen-Relation). Zusammenfassend kann man sagen, dass die Arbeitsverhältnisse den Dreh- und Angelpunkt wirtschaftlicher wie gesellschaftlicher Veränderung darstellen. [14] Die Bourgeoisie macht dabei von Staatsgrenzen nicht Halt. Vielmehr zwingt Diese anderen Staaten ihre Regeln und Gesetzmäßigkeiten auf. Die

---

[12] Vgl. Negt, Oskar (2001): Marx. Ausgewählt und vorgestellt von Oskar Negt, in: Sloterdijk, Peter (Hrsg.): Philosophie jetzt, S. 124f.
[13] Ebd., S. 127.
[14] Ebd., S. 128.

betroffenen Staaten müssten sich nun deren ‚Willen'
beugen, wollen sie nicht Gefahr laufen im Wettbewerb an
Attraktivität zu verlieren.[15]

Darüber hinaus kommt es, laut der Marxschen Theorie, zu
einer steigenden Zentralisierung sowohl in der Bevölkerung
(man denke an die Urbanisierung in großen Städten) als
auch im Bereich der Wirtschaft (in Gestalt einer
zunehmenden Anzahl von Monopolen auf den
Gütermärkten, z.B. im Lebensmittelhandel).[16] Die
‚Kapitalisten' schaufelten sich quasi selbst ihr Grab, denn
erstens würden durch die Kosten-Nutzen Rechnung sowie
den technischen Fortschritt eine Menge an Arbeitsplätzen
wegfallen. Zweitens wächst die Reichweite der Märkte, die
von diesem Phänomen betroffen sind stetig an und letztlich
sind die ‚alten Märkte' von einer verstärkten Ausbeutung
betroffen.[17] Das Unternehmertum sorgt mit seinen
Bemühungen gerade für die personellen wie materiellen
Voraussetzungen einer Revolution, die sich in Gestalt der
Arbeiter offensichtlich zeigt. Der Arbeitende wird mittels der
technischen Neuerungen zu einem bloßen Zubehör der
produzierenden Maschinen degradiert.[18] Dieser gilt
innerhalb des kapitalistischen ‚Verwertungsprozesses' nicht

---

[15] Ebd., S. 129.
[16] Ebd., S. 130.
[17] Ebd., S. 131.
[18] Ebd., S. 132.

länger als Mensch, sondern einzig und allein als Ware, der sich selbst über seine Arbeitskraft verkauft. Die Arbeitskosten, so die Theorie, entsprechen hierbei den Produktions- bzw. Kosten für die Anfertigung des entsprechenden Guts. Die steigende Arbeitsteilung sowie der technische Fortschritt erfordern im Gegenzug ein stärkeres Engagement des Einzelnen.[19] Dieser Vorgang lässt sich gut an einem Beispiel verdeutlichen. Nimmt man einen Beschäftigten der Industrie, beispielsweise im Maschinenbau zur Hand, so muss dieser qualitativ wie quantitativ[20] mehr arbeiten, je höher die Arbeitsteilung und die technische Ausstattung des Unternehmens sind. Je mehr potenzielle Arbeitnehmer auf dem Markt verfügbar sind, welche ähnliche oder gleiche Qualifikationen haben, desto höher ist der Druck auf den einzelnen Arbeiter seine Stelle langfristig zu halten. Im Gegensatz zu den spezialisierten Kräften, welche nahezu unantastbar sind (je einzigartiger die Begabung, desto höher die Valorisierung[21]), stehen eine Vielzahl von Arbeitern mit eher standardisierten Tätigkeiten auf der Abschussliste ziemlich weit oben, da sie sich vergleichsweise einfach ersetzen

---

[19] Ebd.
[20] **Quantitativ** ist in diesem Falle als eine mengenmäßige Mehrarbeit, z.B. im Verkauf von Waren oder Dienstleistungen, zu verstehen.
[21] **Valorisierung** bezeichnet eine Form der Bewertung, in der Tätigkeiten, Personen wie Gegenständen (von Kunst bis zu Politikern) ein Wert zugeschrieben wird – je nach Attraktivität bzw. Einzigartigkeit erfolgt eine Auf- oder Abwertung.

lassen oder über technische Neuerungen eingespart werden können. Das Proletariat besteht aber nicht ausschließlich aus industriellen Arbeitern. Vielmehr kommen auch jene Vertreter hinzu, die zuvor anderen ‚Klassen' zugehörten, welche aber im Zuge der Entwicklung zur Arbeiterschaft stoßen (beispielsweise Selbstständige, Kleinunternehmer etc.).[22]

Wie sieht nun die Entwicklung hin zur Revolution bei Marx aus? Drei Phasen sind dafür kennzeichnend: Zuerst gibt es eine hohe Anzahl von Arbeitern, die sich als zersplitterte Gruppe von Einzelkämpfern beschreiben lässt. Im Laufe der Zeit gleichen sich nun die Verhältnisse zwischen den Arbeitern an und lassen somit eine gemeinsame Basis, eine Art Zusammengehörigkeitsgefühl entstehen.[23] Im Zuge dessen bilden sich die beiden Klassen (‚Bourgeoisie' und ‚Proletariat') heraus. Ziel ist es, die Arbeiter auf eine gemeinsame Stufe zu stellen und zu vereinigen.[24] Dabei kann auch die Nutzung von modernen Kommunikationsmitteln, beispielsweise den sozialen Medien, genutzt werden. Marx betont hierbei deutlich, dass die Organisation, welche die Arbeiter vertreten möchte, einzelne, auch gegenteilige, Interessen akzeptieren muss![25]

---

[22] Ebd., S.133.
[23] Ebd., S. 134.
[24] Ebd., S. 135.
[25] Ebd.

Inwieweit dies von den heutigen ‚Revolutionären' berücksichtigt wird, darf angezweifelt werden.

Letztlich löst sich die Klasse der Kapitalisten, aufgrund des Konkurrenzdenkens – was zu erheblichen Spannungen innerhalb dieser führt, auf. Marx ist sich allerdings sicher, dass ein nahtloser Übergang von einer Gesellschaftsform zu einer Anderen nicht realistisch ist.[26] Weiterhin besteht das Ziel die Arbeiter zu befreien, zunächst im Kontext der jeweiligen Nationalstaaten. Das hängt auch mit den speziellen Bedingungen für die Revolution, die sich von Staat zu Staat unterscheiden (wie z.B.: technischer Fortschritt, Organisation der Arbeiter usw.), zusammen. Aber letztlich bleibt das Ziel eine internationale Vereinigung und Befreiung der Arbeiter. Ob und Inwiefern dies umsetzbar ist, wird im vierten Kapitel erklärt.

Mit Blick auf die Rolle der Parteien, welche die Revolution begleitend anführen sollen, stellt Marx einen möglichen Führungsanspruch dieser in Frage. Es sind nicht die Revolutionäre, welche die Revolution machten, sondern es ist die Revolution, welche die Revolutionäre hervorbringt.[27] Dieser Aspekt wird vor allem im nachfolgenden Kapitel (bei Betrachtung der ‚revolutionären Parteien') wichtig sein,

---

[26] Ebd., S. 137.
[27] Vgl. Pies, Ingo (2005): Theoretische Grundlagen demokratischer Wirtschafts- und Gesellschaftspolitik – Der Beitrag von Karl Marx, in: Pies, Ingo, Martin Leschke (Hrsg.): Karl Marx' kommunistischer Individualismus, S. 10.

denn alle betrachteten Fälle versuchen einen Avantgardeanspruch für sich geltend zu machen. Als Voraussetzung für den Beginn einer Revolution benennt Marx einen einheitlichen Weltmarkt sowie das Vorhandensein eines Konkurrenzdenkens sowohl in wirtschaftlichen, als auch in gesellschaftlichen Bereichen.[28] Wie sich später in der Zusammensetzung der heutigen, bundesdeutschen Gesellschaft zeigen wird, besitzen diese Annahmen auch im 21. Jahrhundert nach wie vor größte Gültigkeit. Aber zuvor müssen, will man die marxistische Theorie verstehen lernen, die Begriffe der ‚Ware' , ‚Arbeit' sowie ‚Klasse' näher bestimmt werden. Was versteht Marx also unter dem Begriff der Ware? Vereinfacht gesagt, kann jeder Gegenstand, der in irgendeiner Weise Bedürfnisse, wie z.B. Hunger, Unterhaltung etc., befriedigt, als solche bezeichnet werden. [29] Dabei ist vor allem wichtig, welchen Nutzen diese Objekte haben, welche Qualität diese aufweisen und wie häufig diese sich auf dem ‚Warenmarkt' wiederfinden.[30] Darüber hinaus hat der Wert einer Ware einen stets ‚subjektiven Charakter', das heißt, wie viel eine Ware konkret wert ist, entscheidet der potenzielle Käufer selbst indem der Ware ein ‚Gebrauchswert' zugeschrieben

---

[28] Ebd., S. 13.
[29] Vgl. Marx, Karl (1967): Das Modell der kapitalistischen Wirtschaft, in: Fetscher, Iring (Hrsg.): Der Marxismus. Seine Geschichte in Dokumenten S. 302.
[30] Ebd., S. 303.

wird, welcher sie entweder begehrenswert oder uninteressant erscheinen lässt. [31] Dennoch gibt Marx einige Kriterien vor, die diesen Wert beeinflussen können. Unter anderem spielt die Geschicklichkeit der Arbeiter*innen eine wesentliche Rolle. Des Weiteren ob Technologie vorhanden und wie weit diese entwickelt ist, um den Arbeitsprozess sowie die Menge der Ware zu beschleunigen respektive zu erhöhen sowie die Effizienz beim Einsatz von Zwischenprodukten, beispielsweise von Kautschuk bei der Herstellung von Autoreifen. [32] Jedoch darf nicht vergessen werden, dass unter dem Begriff ‚Ware' nicht nur fassbare Gegenstände zu verstehen sind, sondern Marx ebenso den Arbeitsakt selbst als Ware begreift. Dies mag im ersten Moment verwirrend erscheinen: wie kann so etwas abstraktes wie ein Job im Dienstleistungsgewerbe als Objekt erfasst werden? Doch wenn man sich vergegenwärtigt, dass jedes Arbeitsverhältnis ein, im übertragenen Sinne, Verkauf der eigenen Arbeitskraft an ein bestimmtes Unternehmen darstellt, wird der Zusammenhang deutlicher. Denn die Arbeiter*innen veräußern sich, im körperlichen Kontext nicht selbst, sondern stellen ihre Fähigkeiten einer Firma zur Verfügung

---

[31] Auch hier finden sich die Valorisierungsprozesse, welche heute wieder dominant sind.
[32] Ebd., S. 304.

und erhalten im Gegenzug Lohn.[33] Die Produktivität eines/-r Beschäftigten bemisst sich demnach, wie hoch der Aufwand ist, um ein bestimmtes Produkt oder eine Dienstleistung zu erbringen. [34] Hierbei wird deutlich, dass Marx dem staatlichen und gesellschaftlichen Geschehnissen grundsätzlich eine wirtschaftliche Perspektive zu Grunde legt.[35] Der ökonomische Prozess dominiert quasi politische, gesellschaftliche wie soziale Problemlagen bzw. geht diesen voraus. Das zeigt sich auch bei Betrachtung der Situation der Arbeiter*in, denn diese/-r wird umso ärmer je mehr Reichtum er/sie über die eigene Tätigkeit herstellt. [36] Infolgedessen vollzieht sich eine Entfremdung der Arbeiter*innen auf mehreren Ebenen. Zum einen verliert der Arbeiter den Bezug zu seinem ‚Produkt' respektive seiner Tätigkeit. Zum anderen entfernen sich diese zunehmend vom Leben (die Arbeit gilt quasi als einziger Lebensinhalt) sowie von ihren Mitmenschen.[37] Ein Beispiel, welches ich für sehr treffend halte, findet sich im Bereich der Pflege. Durch die stetige Dauer- und Überbelastung in diesem Berufsfeld (aufgrund schlechter Bezahlung, zu wenig Personal, des

---

[33] Vgl. Irorio, Marco (2012): Einführung in die Theorien von Karl Marx, S. 49.
[34] Ebd., S. 56.
[35] Ebd., S. 157-161.
[36] Vgl. Marx, Karl (1967): Die Arbeit als Wesen des Menschen, in: Fetscher, Iring (Hrsg.): Der Marxismus. Seine Geschichte in Dokumenten, S. 86.
[37] Ebd., S. 87f.

Arbeitsklimas usw.) geht das soziale Miteinander zwischen Pflegekräften und zu Betreuenden zunehmend verloren. Die Kräfte haben schlicht keine Zeit, um sich ausreichend für die Probleme der Pflegebedürftigen einzusetzen. Das Resultat: die zu Betreuenden werden entmenschlicht und in Akkordarbeit abgefertigt. Dies führt nicht nur zu Frustration bei den Angehörigen sondern auch zu einer ambivalenten Situation bei den Fachkräften selbst. Die Pflegekräfte können nun nur noch emotional abstumpfen, um sich den Ereignissen, die aus der Personalnot entstandenen Missstände nicht allzu nahe gehen zu lassen (=Entfremdung von der Arbeit und vom Menschen) oder man geht an den Umständen kaputt, da sich die Missstände nicht beiseite drängen lassen (=Entfremdung von den zu Pflegenden sowie vom Leben).[38]

Das ist selbstredend nur ein Beispiel aus der heutigen Berufswelt. Aber es veranschaulicht in meinen Augen zutreffend, wie sich die wirtschaftliche Ausrichtung im sozialen Bereich (Pflege, Krankenhäuser, Rente,...) zunehmend zu einem gesamtgesellschaftlichen Problem auswächst. Überdies zeigt dieser Prozess auch, dass die Theorie von Karl Marx uns auch heute noch etwas ‚sagen' kann. Ein weiteres Exempel findet sich im Bereich der

---

[38] Vgl. Stalinski, Sandra (2017): Pflegenotstand in Deutschland. Überlastet, ausgebrannt – und weg, https://www.tagesschau.de/inland/pflege-notstand-101.html, abgerufen am 4.9.2018.

Rente wieder. Viele Arbeitnehmer arbeiten mindestens 50 Jahre, um in Anschluss eine passable Rente zu erhalten. Bei Vielen jedoch, wie Selbstständigen, Minijobbern, ‚Aufstocker' um nur einige Beispiele zu nennen, reicht diese selbst nach 40 oder 50 Beitragsjahren gerade einmal um das Hartz-IV-Niveau zu erreichen. [39] Im Angesicht jahrelanger Tätigkeit und Aufopferung für das jeweilige Unternehmen (Überstunden, Wochenendarbeit etc.) stehen nicht wenige von ihnen nun am gesellschaftlichen Rand. Das stetig steigende Wirtschaftswachstum hat nicht zu einem steigenden Vermögen in der Bevölkerung, sondern zu einer weiter anwachsenden sozialen Schere beigetragen.[40] Damit soll keineswegs behauptet werden, dass alle politischen wie gesellschaftlichen Spannungsfelder sich auf das wirtschaftliche Feld begrenzen lassen. Vielmehr geht es um die Sensibilisierung gegenüber dem Idealbild einer ‚perfekt funktionierenden Demokratie', welches gerade im Angesicht von steigenden sozialen Notlagen (Wohnungslosigkeit, verdeckte Arbeitslosigkeit, Pflegenotstand usw.) sowie politischer Einfältigkeit als bloße Schablone daherkommt.

---

[39] o.A. (2018): „Schattenbericht" vorgelegt. Arm trotz Arbeit, https://www.tagesschau.de/inland/armutskonferenz-bericht-101.html, abgerufen am 20.11.2018.

[40] Vgl. Oppelt, Tanja (2018): Die soziale Kluft wird immer tiefer. Armut in Deutschland – was will die GroKo dagegen tun, https://www.br.de/nachricht/armut-in-deutschland-was-will-die-groko-dagegen-tun-100.html, abgerufen am 20.11.2018.

Wie sieht nun eine proletarische Revolution nach dem Marxschen Bilde aus? Zunächst betont Marx, dass die Arbeiterbewegung die erste ihrer Art ist, welche über eine breite gesellschaftliche Basis verfügt.[41] Dabei findet die Revolution zunächst nur ein einem nationalstaatlichem Rahmen statt. Das finale Ziel ist es demnach, die Produktion gesellschaftlich und nach Plan zu regeln sowie nach den Bedürfnissen der einzelnen Menschen und ihrer Gesamtheit auszurichten.[42] Dennoch bleibt die Revolution letztlich kein nationales Unterfangen denn, bedingt durch den ‚Weltmarkt', ist eine Neuordnung mehrerer Staaten möglich (laut Theorie). Welche Bedingung muss jedoch erfüllt sein, damit sich ein revolutionärer Wandel auch tatsächlich in dieser Art und Weise vollzieht? Die Antwort liegt, laut Marx, in dem Gegensatz zwischen den Arbeitern einerseits sowie den ‚bürgerlichen Produktionsbedingungen' andererseits, die erst dann ihre maximale Wirkung entfalten, wenn sich der Staat in einer akuten Krise befindet.[43] Kritik äußert Marx gegenüber dem russischen Politiker Nikolai Bucharin, denn dieser stellt den Willen zur Revolution über die wirtschaftlichen

---

[41] Vgl. Marx, Karl (1967): Der Charakter der proletarischen Revolution und ihr Sinn, in: Fetscher, Iring (Hrsg.): Der Marxismus. Seine Geschichte in Dokumenten, S. 648.
[42] Ebd., S. 649.
[43] Ebd., S. 651.

Rahmenbedingungen.[44] Für Marx gibt es also dahingehend keinerlei Diskussion: zuerst müssen die wirtschaftlichen Bedingungen (in Form von Krisen) gegeben sein, dann könne auch der Wille zur Revolution erfolgreich sein. Gleichzeitig nimmt Marx von der Führungsrolle einzelner Personen oder einer Partei Abstand. *„Die Zeit der Überrumpelungen, der von kleinen, bewussten Minoritäten an der Spitze bewusstloser Massen durchgeführten Revolutionen ist vorbei."*[45] Diese Distanzierung gegenüber einer möglichen Vorreiterrolle der Partei als Speerspitze des revolutionären Wandels, kommt insbesondere bei der in Kapitel 4 angeführten Kritik zu den heute auftretenden ‚Revoluzzern' eine zentrale Funktion zu.

2.2 Rosa Luxemburg:

Wenden wir uns nun anderen Denkern revolutionärer Politik zu. Den Anfang macht Rosa Luxemburg mit ihrer Kritik gegen die Reformpolitik. Es folgen Anmerkungen zum Stalinismus sowie der Kritik Leo Trotzkis und schließlich das maoistische Revolutionsmodell. Hierbei sei nochmals betont, dass es nicht um eine vollkommene Abarbeitung der einzelnen Theorien geht (was den Rahmen ohne

---

[44] Genauer sagt Marx: „Der Wille, nicht die ökonomischen Bedingungen, ist die Grundlage seiner Revolution." (Marx in Fetcher: Der Charakter der proletarischen Revolution, S. 653)

[45] Ebd., S. 656.

Zweifel sprengen würde), sondern vordergründig um die Darstellung, der verschiedenen ‚Leitbilder' der im Nachgang betrachteten Organisationen.

Rosa Luxemburg steht der Idee einer evolutionären Änderung des politischen wie gesellschaftlichen Systems, etwa durch Reformen, äußerst skeptisch gegenüber. Dabei nennt sie das Beispiel der Gewerkschaften, die zwar unter Umständen die höhere Löhne für die Arbeiter erzielen, zugleich aber das ‚Grundproblem', nämlich den Verkauf der Arbeitskraft nicht beseitigen können.[46] Die Gewerkschaften begnügen sich demnach mit den Spielräumen innerhalb der kapitalistischen Ordnung ohne diese selbst anzutasten (hier: Gesetze wie Arbeitsrecht, Wochenarbeitszeit etc.).[47] Der Staat, so Luxemburg ist letztlich kein Abbild der Gesellschaft, insbesondere der Arbeiterklasse, sondern der ‚Kapitalisten' und wird maßgeblich durch deren Interessen bestimmt.[48] Mit Blick auf den geografischen Rahmen der Revolution sieht Luxemburg, ähnlich wie Marx zunächst eine nationale Entwicklung für angemessen, die allerdings aufgrund des kapitalistischen Wettbewerbs schnell eine internationale Richtung erhält. Grund hierfür ist die aggressive Haltung kapitalistischer Staaten, welche immer

---

[46] Vgl. Luxemburg, Rosa (2009): Sozialreform oder Revolution, S. 27.
[47] Ebd., S. 29.
[48] Ebd., S. 30.

mehr versuchen ihren Einfluss in anderen Staaten geltend zu machen und hierbei politische, soziale wie wirtschaftliche Krisen auslösen.[49] Diese bilden wiederum den Ausgangspunkt für Revolutionen der internationalen Arbeiterklasse. Ob dabei eine solche Verkettung tatsächlich realistisch ist (man erinnere nur an die Wirtschafts- und Finanzkrise 2008/09, welche keinerlei revolutionäre Bestrebungen zur Folge hatte) und eine internationale Organisation so unterschiedlicher Gruppen von ‚Arbeitern' tatsächlich zielführend erscheint, wird im 4. Kapitel thematisiert werden.

2.3 Josef Stalin/ Stalinismus:

Das politische System der ehemaligen Sowjetunion (im folgenden: SU) unter Josef Stalin ist Ausgangspunkt weiterer Revolutionstheorien und Kritiken, die nicht zuletzt wegen der fragwürdigen Menschenrechtslage (Verfolgung Andersdenkender, Einschränkungen der Meinungsfreiheit bis hin zu Hinrichtungen etc.) sowie des bürokratischen Apparats als solches (Unterschied zwischen ‚Eliten' einerseits und ‚Zivilbevölkerung' andererseits) umstritten erscheint. Zunächst allerdings ist der Begriff des

---

[49] Vgl. Luxemburg, Rosa (1967): Imperialismus als politischer Ausdruck des Kampfes der kapitalistischen Staaten um die >nichtkapitalistischen Reste< des Weltmilieus, in: Fetscher, Iring (Hrsg.): Der Marxismus. Seine Geschichte in Dokumenten, S. 452.

Stalinismus eine Fremdbezeichnung, welche nie von den Protagonisten selbst gebraucht wurde und zudem eine negative Bezeichnung darstellt. [50] Doch was sind die Merkmale an denen sich dieser Begriff orientiert? Grundsätzlich geht dem Begriff eine zentrale wirtschaftliche Planung voraus, die sich auf die Verstaatlichung der Industrie und Landwirtschaft bezieht. [51] Weiterhin spricht Hildemeier von einer Erziehung der Gesellschaft durch Terror, einer neuen ‚Elite' als sozialer Trägerschicht sowie von einem allgegenwärtigen Staat als Kennzeichen dieses politischen Systems. [52] Lediglich der erste Fünfjahresplan ist demnach von der sowjetischen Bevölkerung mit Begeisterung aufgenommen worden. Mit Blick auf die staatstragende Partei ist vor allem auffällig, dass diese durch Desorganisation bestimmt gewesen war und willkürliche Gewalt auch gegenüber Unbeteiligte ausgeübt hat. [53] Walter Runge geht noch einen Schritt weiter und gibt zu bedenken, dass die Ordnung der ehemaligen SU weder als sozialistisch noch als kapitalistisch zu beschreiben ist und beruft sich hierbei auf das kommunistische Manifest, in dem die ‚freie Entwicklung eines jeden Menschen' im

---

[50] Vgl. Hildemeier Manfred (1997): Interpretationen des Stalinismus, in: Historische Zeitschrift 264, Heft 1, S. 656.
[51] Ebd., S. 660.
[52] Ebd.
[53] Ebd., S. 662.

Zentrum steht.[54] In der Sowjetunion unter Stalin hingegen, kam dieser Aspekt nicht vor. Im Gegenteil: Runge gibt dem Handeln Stalins eine Mitverantwortung für die Diskreditierung [55] sozialistischer wie marxistischer Bemühungen der Folgezeit.[56] Dabei führt er die Kriterien Gemeinwesen, Produktionsverhältnisse und den Aufbau der Gesellschaft an. Das Gemeinwesen ist, so die marxistische Theorie im Sinne der Existenz aller gesellschaftlichen Mitglieder unabhängig von deren sozialen oder sonstigen Status zu erhalten.[57] In der SU wurden aber Teile der Gesellschaft systematisch eliminiert, insgesamt ca. 30 Millionen Menschen! [58] Die Produktionsverhältnisse sollten demnach den Erzeugern selbst die Chance zur Bestimmung ihrer Produkte überlassen. Jedoch waren es nicht die Bauern/die Produzenten, sondern der Staat, der in diesen Bereichen den Ton angab. Des Weiteren bestand kein effektives Mitwirkungsrecht der Arbeiter*innen an der politischen und wirtschaftlichen Entwicklung, kein Streikrecht sowie ein nahezu vollständiges Verbot der Gewerkschaften.[59] Zuletzt

---

[54] Vgl. Runge, Wolfgang (1994): Stalinismus. Versuch einer Begriffsbestimmung, in: Neugebauer, Wolfgang (Hrsg.): Von der Utopie zum Terror. Stalinismus-Analysen, S. 11.

[55] **Diskreditieren** meint, einen Gegenstand (oder hier eine Theorie) durch fragwürdiges Handeln in Verruf zu bringen.

[56] Ebd., S. 12.

[57] Ebd., S. 13.

[58] Ebd.

[59] Ebd., S. 14.

ist die Gesellschaft nicht durch die staatstragende Partei, denn viel mehr durch staatliche Institutionen bestimmt gewesen. Zusammenfassend, so Runge stellte die Sowjetunion eine auf Gehorsam, Unterwürfigkeit und Anschwärzung unter der Bevölkerung ausgerichtete Ordnung dar.[60] Auch der französische Philosoph Herbert Marcuse bekräftigt die Widersprüchlichkeit in der Entwicklung der SU. Diese ist zwar einerseits von einer erfolgreichen Industrialisierung, welche einen starken Wohlfahrtsstaat sowie individuelle Freiheiten ermögliche gekennzeichnet, weist aber zugleich entgegengesetzte Tendenzen, beispielsweise in Form von Rationierung (Lebensmittel usw.) sowie einen damit einhergehenden Druck zu übereinstimmendem Verhalten auf.[61] Außerdem besteht die Befürchtung, die Staatspartei könnte zunehmend ‚objektive Gesetze‘, die immer geltend erscheinen, für sich in Anspruch nehmen.[62] Diese Sorge ist durchaus berechtigt, denn auch die im 3. Kapitel betrachteten Parteien nehmen diese Art ‚Gesetzgebung‘ für sich in Anspruch. Insofern birgt die Annahme man könnte ‚objektive Gesetze‘ erlassen die quasi unanfechtbar sind,

---

[60] Ebd., S. 17.
[61] Vgl. Buchstein, Hubertus (2006): Die Gesellschaftslehre des sowjetischen Marxismus, in: Honneth, Axel (Hrsg.): Schlüsseltexte der Kritischen Theorie, S. 349.
[62] Ebd., S. 350.

eine zentrale Kritik gegenüber den derzeitigen revolutionären Organisationen.

Gerhard Lozek sagt in diesem Zusammenhang, Stalin verkörpert wie kaum ein Anderer den Widerspruch zwischen den ‚Idealen des Sozialismus' und deren realpolitischer Umsetzung.[63] Auch hier führt der Autor eine Reihe von Beispielen ins Feld an welchen diese Widersprüche zu Tage treten. Zunächst macht er eine Abkehr von der ‚dialektischen Einheit' zwischen Interessen des Einzelnen und jenen der Gesellschaft aus. [64] Zusehends haben Interessen einer zahlenmäßig kleinen ‚Elite' Priorität gegenüber den Sorgen und Problemen der Zivilbevölkerung. Weiterhin beschreibt er das politische System der SU als zutiefst antidemokratisch, was nicht zuletzt an den fehlenden Wahlen, der nicht vorhandenen Opposition sowie der Machtkonzentration auf Seiten der Partei sichtbar wird.[65] Darüber hinaus kritisiert Lozek die leninistische Auffassung einer ‚Kaderpartei', in der eine geringe Anzahl von Parteimitgliedern die Führung der ‚ahnungslosen Masse' übernimmt.[66] Wenn eine Partei nicht den Rückhalt eines Großteils der Bevölkerung innehat (und

---

[63] Vgl. Lozek, Gerhard (1994): Stalinismus – Ideologie, Gesellschaftskonzept oder was? In: Klartext 4, S. 7.
[64] Ebd., S. 11.
[65] Ebd.
[66] Ebd., S. 12.

dies nicht nur für sich in Anspruch nimmt), läuft diese Gefahr zunehmend den Blick für die Probleme der Menschen zu verlieren und sich abzuschotten, was letzten Endes nur zu Frustration und Enttäuschung führen kann. Die daraus entstehende Kritik wird so häufig als ‚ketzerisch' aufgefasst, ist im Grunde genommen aber nur Ausdruck einer tiefgreifenden Entfremdung zwischen Politik und Bevölkerung.

Gleichfalls macht Werner Hoffmann auf den Umstand aufmerksam, dass Macht im Kontext der Sowjetunion eher eine durch Institutionen gesicherte Nutznießung eines Teils der Gesellschaft gegenüber einem Anderen darstellt.[67] An dieser Stelle ist hervorzuheben, dass dieser ‚Zustand' kein Alleinstellungsmerkmal der ehemaligen SU ist, sondern sich vielmehr auch in anderen ‚realsozialistischen Staaten' (siehe DDR) und zum Teil sogar noch bis heute (man denke nur an die Diäten der hiesigen Parlamentarier) wiederfinden lässt. Doch zurück zum Stalinismusbegriff. Auffällig ist indes, dass keine eigenen theoretischen Überlegungen zum Tragen kommen, insofern lässt sich von einer 'theoretischen Stagnation' im Stalinismus sprechen.[68] Ebenso merkt Hofmann an, dass Stalin sowie dessen Funktionäre sämtliche Entscheidungsgewalt innehatten und

---

[67] Vgl. Hofmann, Werner (1984): Was ist Stalinismus, S. 29.
[68] Ebd., S. 32.

demokratische Prinzipien, wie etwa die Abberufung von Funktionären für nichtig erklärt wurden.[69] Anstelle einer ‚Volkskontrolle' ist vorrangig Zwangsarbeit von den Menschen erwartet worden. Interessant ist hierbei, dass Hofmann der Bürokratie keine aktive politische Rolle beimisst. Diese hat sich eher auf die Bewahrung des ‚Status quo' beschränkt und keine unmittelbare politische oder wirtschaftliche Macht ausgeübt.[70] Im Gegensatz zur bolschewistischen Staatspartei und Stalin selbst, die sich, so Hofmann zumindest als gleichrangig wenn nicht gar über den Staat zu positionieren versuchten. Zugleich prangert er die gewaltsame ‚Kollektivierung' in der Landwirtschaft und parteiinterne Säuberungen, aufgrund von persönlichen Differenzen, an.[71]

Im gleichen Atemzug fordert Plimak eine Unterscheidung zwischen dem mitunter ehrlichen Anmerkungen von Revolutionären und dem Ergebnis ihres Handelns: *„Das Schlimmste ist, dass die >>Linken<< auf dem alten taktischen Standpunkt verharren wollen, dass sie durchaus nicht sehen wollen, wie sich die Lage ändert."*[72] Mit dem Verweis auf die scheinbare Unfehlbarkeit ihrer eigenen

---

[69] Ebd., S. 53.

[70] Ebd., S. 54.

[71] Ebd., S. 58-63.

[72] Lenin, zitiert nach: Plimak, Jewgeni (1990): Anatomie der Willkür: Wurzeln des Stalinismus in der Sowjetunion, S. 116.

Organisation verlieren diese meines Erachtens nach, die ‚lebenswirklichen' Probleme unserer Zeit aus den Augen.

Hinzu kommt die persönliche Abrechnung Stalins mit parteilichen Konkurrenten, welche eine sachliche Auseinandersetzung schon damals schier unmöglich machte.[73] Dabei bricht Stalin mitunter auch eigene zuvor ausgegebene Prinzipien, wie es beispielsweise anhand der Tötung von Oppositionellen sichtbar wird.[74] Eine derart inhumane ‚Politik' kann somit kein Vorbild fortschrittsorientierter, revolutionärer Alternativen sein. Wenn fast 30 Millionen Menschen ihr Leben lassen mussten, kann von schlichten ‚Fehlern' oder gar ‚Kollateralschäden' absolut keine Rede sein! Gewalt, dies sei nur voraus geschickt, kann kein legitimes Mittel politischer Auseinandersetzung sein. Denn Gewalt erzeugt allenfalls Angst, Abscheu und Gegengewalt. Ein Kreislauf, in dem es keine Sieger geben kann!

2.4 Leo Trotzki:

Kommen wir zu einer weiteren kritischen Sichtweise auf das sowjetische System – die Theorie Leo Trotzkis. Dieser übt teils heftige Kritik am sowjetischen Staatsoberhaupt und

---

[73] Ebd., S. 127.
[74] Ebd., S. 128f.

wirft ihm vor, er will (entgegen der Marxschen Analyse) nicht auf eine Aufhebung des Staates hinarbeiten, sondern diesen auf ewig zementieren[75]: *„Der Stalinismus lässt sich nicht von der Theorie des Marxismus oder überhaupt von einer Theorie leiten, sondern den empirischen Interessen der Sowjetbürokratie."*[76] Die Partei ist demnach die für alle Zeiten regierende Instanz, welche sich auch keinerlei Rechtfertigung zu stellen hat. [77] Trotzki lehnt den Marxismus als Theorie ab und liefert folgende Punkte, die seine Skepsis belegen sollen. Zum einen kritisiert er die unzureichende Unterscheidung des Marxismus zwischen einer ‚bürgerlichen' (d.h. kapitalistischen) und einer sozialistischen Revolution.[78] Des Weiteren unterschätzt die marxistische Theorie die Frage nach der Rolle und einer möglichen Zusammenarbeit mit den Bauern. Diese würden als ‚Reaktionäre' bezeichnet und vom Prozess der Verteilung an Gütern und Leistungen ausgeschlossen.[79] Schließlich ist eine Art ‚permanente Revolution' nötig, um den einmal erreichten Erfolg nicht alsbald wieder zu verlieren. Weiterhin spricht sich Trotzki für eine

---

[75] Vgl. Hedeler, Wladislaw (1994): Stalin – Trotzki – Bucharin. Studien zum Stalinismus und Alternativen im historischen Prozess, S. 53.
[76] Ebd., S. 50.
[77] Ebd., 56.
[78] Ebd., S. 89.
[79] Ebd.

Verstaatlichung der Gewerkschaften aus.[80] Allerdings tun sich auch hier Aspekte auf, die durchaus kritikwürdig erscheinen. Erstens ist die Annahme, dass jede ‚bürgerlich-demokratische Ordnung' früher oder später den Weg zum Sozialismus beschreitet angesichts der heutigen weltpolitischen Lage absolut realitätsfern. Zweitens legt die Theorie von Trotzki nahe, dass die Revolution zuerst in den Ländern beginnt, welche die stärkste wirtschaftliche Entwicklung aufweisen.[81] Zugleich betont er jedoch, dass ebenso bislang ‚unterentwickelte Staaten' die Rolle des Vorreiters einnehmen könnten – ein Widerspruch? Zuletzt ist, wie sich später im Verlauf der Kritik zeigen wird, die Vorstellung des ‚klassischen Industriearbeiters' für das 21. Jahrhundert nur noch bedingt zulässig. Denn es besteht ohne Zweifel eine andere gesellschaftliche Zusammensetzung als das im 19. oder im 20. Jahrhundert der Fall war.[82] Darüber hinaus geht auch Trotzki von einem internationalen Charakter der Revolution aus, die sich nicht in einem vereinzelten Land allein verwirklichen lässt.[83] Ebenso argumentiert Trotzki, dass der Grundsatz ‚jeder nach seinen Fähigkeiten, jeder nach seiner Leistung' lediglich eine Form der Propaganda darstellt und somit vom

---

[80] Ebd., S. 90.
[81] Vgl. Münster, Arno (1973): Trotzkis Theorie der >> Permanenten Revolution.<<, S. 10.
[82] Vgl. Reckwitz Andreas (2017): Die Gesellschaft der Singularitäten, S. 278.
[83] Vgl. Trotzki, Leo (1957): Verratene Revolution.

Zwang gekennzeichnet ist.[84] Der Staat und dessen Institutionen sollen nur für einen bestimmten Zeitraum erhalten bleiben und nicht, wie er am Beispiel der Sowjetunion kritisiert, für alle Zeiten erhalten bleiben. Weiterhin distanziert sich Trotzki gegenüber den Privilegien, welche die ‚führende Kaste' der SU vor der ‚normalen Bevölkerung' inne zu haben scheint.[85] Letztlich sieht er im sachlichen Streit und der Kritik eine Bedingung für die voranschreitende Entwicklung einer revolutionären Partei und somit für das Land als solches.[86]

2.5 Mao Zedong/ Maoismus:

Abschließend werden wir uns nun dem Revolutionsmodell nach Mao Zedong, auch als Maoismus bekannt, zuwenden. Der Maoismus sieht die Voraussetzung für revolutionäre Änderungen in der Wahrnehmung ‚objektiver' wie ‚subjektiv' empfundener Massennot. Allerdings stehen hier nicht die Arbeiter, sondern die Bauern im Fokus der revolutionären Veränderung.[87] Doch aus welchem Grund werden beim Maoismus die Bauern bzw. Landwirte als Vorhut der Revolution angesehen? Dies hängt schlicht damit

---

[84] Ebd., S. 251.
[85] Ebd., S. 266.
[86] Ebd., S. 268.
[87] Vgl. Hoffmann, Rainer (1979): Der Maoismus. Anmerkungen zum maoistischen Modell der Gesellschaft, in: Internationales Asienforum (Hrsg.), 10, S. 68.

zusammen, dass in den 1960er und 1970er Jahren der Großteil der chinesischen Bevölkerung auf dem Land lebte.[88] Für Schüler, Studenten sowie Akademiker (z.B.: Ärzte) sah Mao eine verpflichtende Tätigkeit im Bereich der Landwirtschaft vor. Ziel war es den Unterschied zwischen ausschließlicher ‚Kopf- und Handarbeit' zu überwinden und der jeweiligen Gegenseite Einblick in dessen Tätigkeitsfeld zu verschaffen.[89] Weiterhin legt der Maoismus nahe, dass sofern die Massen erst einmal bereit für eine revolutionäre Veränderung sind, auch die scheinbar ‚objektiven Widerstände' (wie beispielsweise Polizei, Militär, Parteien etc.) machtlos wären. *„Wer arm ist, will seine Lage verbessern, er will die Revolution."*[90] An dieser Stelle sei angemerkt, dass die Gleichung Armut = revolutionäre Gesinnung mitnichten aufgeht. Andernfalls wäre gerade mit Blick auf die teils grassierende Armut in europäischen Hauptstädten die Revolution nur noch eine Frage der Zeit. Auch Mao ist sich dessen bewusst und fordert eine ‚Leitung der Massen', die sich aus und in dieser selbst vollzieht.[91] Dass ein derartiger Lernprozess, sofern man an einen solchen glaubt, sich schlagartig durchsetzen könnte, sieht auch der Maoismus skeptisch. In welchen zeitlichen

---

[88] Ebd.
[89] Ebd., S. 69f.
[90] Ebd., S. 71.
[91] Ebd.

Dimensionen wäre ein solches Vorhaben dann möglich? Mindestens Jahrzehnte, wenn nicht gar Jahrhunderte sind demnach von Nöten, um das Konkurrenzdenken zu beseitigen und eine Art selbstverständliches ‚sozialistisches Bewusstsein' zu erzeugen.[92] Zuletzt spielt auch in dieser revolutionären Theorie die Funktion von Parteikadern eine wichtige Rolle. Aber nicht in Form von allwissenden Führungseliten, die über jedwede Kritik erhaben sind, sondern als Mahnung für eben diese, den Austausch mit den Menschen über eigene Ambitionen zu stellen und Kritik zuzulassen. *„Diejenigen unter euch, die sich für Tiger halten und niemand mehr zu Wort kommen lassen wollen, werden schließlich scheitern."*[93]

Dennoch gibt es auch in diesem theoretischen Modell und dessen realhistorischer Umsetzung vielerlei Aspekte, welche die Glaubwürdigkeit und damit zusammenhängend den zukünftigen ‚Nutzen' dieser Annahmen zweifelhaft erscheinen lassen. Zunächst ist der Maoismus respektive seine zeithistorische Rolle, auch aufgrund der hohen Opferzahlen im eigenen Land in Bedrängnis geraten. Allein in den Jahren 1959-1961 fielen schätzungsweise 15 bis 40 Millionen Chinesen einer durch die Reformen ausgelösten

---

[92] Ebd., S. 73.
[93] Ebd., S. 74.

Hungersnot zum Opfer.[94] Hinzu kommen weitere Tote durch die von Mao ausgerufene ‚Kulturrevolution' – weitere 1,1-1,6 Millionen Menschen. Es geht hierbei <u>nicht</u> um eine wechselseitige Gewichtung von Opferzahlen nach dem Credo das eine System sei ‚humaner', da weniger Tote als das Andere gewesen und deshalb ‚legitim' etc. Jedoch sollte meiner Meinung nach jeder der sich ernsthaft für eine revolutionäre Besserung der Verhältnisse einsetzt, Abstand von den Ideologien des Stalinismus, des Maoismus sowie deren ‚realhistorischen Umsetzungen' (ob in der ehemaligen DDR, ČSSR, Kuba, Nordkorea, China, Sowjetunion usw.) nehmen! Derartige Verbrechen lassen sich nicht mit den Idealen des Sozialismus und Marxismus vereinbaren. Sicherlich sind die Verhältnisse in den kapitalistischen Staaten (Deutschland, Frankreich, USA. Großbritannien) keinesfalls ideal, z.T. sogar äußerst fragwürdig (man denke nur an Geheimdienste, Verfassungsschutzämter,...). Dennoch vertrete ich die Annahme, dass diese eine allemal bessere Basis (v.a. mit Blick auf das Vertrauen der Bevölkerung in das System als solches) bieten als die Regime vergangener Tage.

Nachfolgend gebe ich nun einen Überblick zu den heute als revolutionäre Organisationen auftretende Parteien der KPD,

---

[94] Vgl. Wemheuer, Felix (2016): Die westeuropäische Neue Linke und die chinesische Kulturrevolution, APuZ 66 (23), S. 36.

DKP, SGP und der MLPD. Wie bereits mehrfach betont, geht es mir nicht um eine einseitige Verurteilung dessen was ist, sondern vielmehr darum begangene Fehler und letztlich einen neuen Weg aufzuzeigen, welcher erfolgsversprechender erscheint als die momentan angewendeten Konzepte revolutionärer Politik.

Zusammenfassend lassen sich also die folgenden Punkte als wesentlich für das Verstehen der revolutionären Theorie wie deren realen Umsetzungen ausmachen:

- eine wirtschaftliche Ausrichtung des Marxismus (deren Gliederung nach Berufsständen) vollzogen wird

- die nach wie vor große Bedeutung des Marxismus in der aktuellen Gegenwart (Beispiel Pflege oder Rente)

- es dennoch nötig ist, diese Theorie an die ‚Verhältnisse des 21. Jahrhunderts' auszurichten und zu erneuern (vor dem gesellschaftlichen Wandel, dem geänderten Arbeitsmarkt usw.)

- eine fragwürdige Berufung der politischen Systeme der ehemaligen SU und Chinas auf diese theoretischen Annahmen

- die Notwendigkeit sich ‚neu zu orientieren', da die bisherigen Systeme menschenrechtlich unhaltbar und theoretisch lückenhaft sind

3. Programme revolutionärer Parteien in Deutschland:

3.1 Die KPD (Kommunistische Partei Deutschlands):

Die Kommunistische Partei Deutschlands (folgend: KPD) peilt als Zielgruppe die Arbeiterklasse sowie deren ‚natürliche Verbündeten' an. [95] Wichtigste Aufgabe ist demnach die Organisierung von ‚Volksmassen', deren Vereinigung und letztlich eine Speerspitze dieser zu bilden. Dabei betrachtet sich die KPD als ‚Partei neuen Typs', das heißt, als Vorhut und Avantgarde im revolutionären Prozess und nimmt an, als ‚allein gültige inhaltliche Grundlage der Parteipolitik' zu gelten. [96] Folgt man dem Organisationsprinzip der Partei, stößt man recht bald auf das Prinzip des ‚demokratischen Zentralismus'. Hierbei nimmt die KPD nähere Angaben zum Ziel ihrer Politik vor. Dieses stellt die Vorbereitung der Arbeiterklasse zur Erringung der Staatsmacht dar und kann so nur in Form der ‚Diktatur des Proletariats' verwirklicht werden.[97] Sie definiert sich selbst als internationalistisch, legt also den Fokus auf die Reichweiten auch außerhalb der nationalstaatlichen Grenzen. Weiterhin distanziert sie sich von der Möglichkeit

---

[95] Vgl. Schöwitz, Torsten, Dieter Rolle (2007): Programm der Kommunistischen Partei Deutschlands, S. 6.
[96] Ebd., S. 8.
[97] Ebd.

einer ‚friedlichen Revolution' und bekräftigt damit einhergehend einen gewaltsam erzielten Machtwechsel.[98] Zentral ist im inhaltlichen Rahmen der KPD der stetige Bezug zu Lenin und dessen Theorie sowie der Annahme, es könne nur <u>eine</u> revolutionäre Organisation geben, welche diesen Namen verdient und das Recht besitzt die Revolution durchzuführen – nämlich die KPD selbst.[99] Zugleich wird immer betont, dass eine fortschrittliche Partei immer in der Lage sein sollte, die marxistische Theorie auf die heutigen konkreten Bedingungen anzuwenden. Darüber hinaus wendet sich die KPD gegen die Verfälschung revolutionärer Bestrebungen durch die Suche nach ‚Teilerfolgen'.[100] Ist damit, aus Sicht der KPD, eine gewerkschaftliche Einigung mit einem Lohnzuwachs für die Arbeiter null und nichtig, eine reine Anbiederung an die Arbeitgeber? Jede Demokratie ist der KPD zufolge eine Diktatur, die den Revolutionären keine Wahl lasse, ob diese reformiert werden könne, denn dies ist nicht möglich.[101] Historische Bezugspunkte stellen aber nicht nur die Theorie von Marx und Lenin dar, sondern auch die ‚Leistungen Josef Stalins' vor seinem Tod.[102] Folglich wird jedwede

---

[98] Ebd.
[99] Ebd.
[100] Ebd., S. 9f.
[101] Ebd., S. 60.
[102] Ebd., S. 25.

Kritik am stalinistischen System als „Antikommunismus" begriffen. Gleiches kann auch für die ehemalige DDR gelten. Diese hatte eine starke und leistungsfähige Wirtschaft vorzuweisen gehabt. [103] Aber nicht nur wirtschaftlich ist der DDR eine zeitlose Vorbildfunktion innewohnend: *„Und so stellen wir erneut und unwiderlegbar fest: Die Deutsche Demokratische Republik war das Beste, was die revolutionäre deutsche Arbeiterbewegung in ihrer bisherigen Geschichte hervorgebracht und geschaffen hat."* [104] Die staatstragende Partei SED (=Sozialistische Einheitspartei Deutschlands) hatte der KPD zufolge eine erfolgsversprechende Strategie vorliegen, um das ‚sozialistische Projekt' auch in Zukunft erfolgreich zu gestalten, unterschätzte allerdings die inneren und äußeren ‚konterrevolutionären Kräfte.' [105]

Wie ist dieses Programm zu sehen bzw. zu bewerten? Eine Partei, die sich als unfehlbare Instanz begreift und in der Offenheit für kritische Worte nur hohle Phrasen darstellen, ist meiner Meinung nach keine Perspektive. Außerdem prangert man die zeitgemäße Anpassung der marxistisch-leninistischen Theorie an, ohne dies jedoch selbst zu tun. Gerade im Falle des Arbeiterbildes, das sich heute

---

[103] Ebd., S. 27.
[104] Ebd., S. 28.
[105] Ebd., S. 29f.

wesentlich gewandelt hat (Dienstleistungsbereiche, Start-Ups, Blogger usw.), kann dieses historische Bild nicht mehr aufrechterhalten werden!

Der nächste Kritikpunkt betrifft das Thema ‚objektive Gesetze' oder ‚Gesetzmäßigkeiten'. Es ist mehr als nur naiv davon auszugehen, dass Gesetze oder gar Gesellschaften so schlicht gestrickt sind, dass man sie als objektiv bezeichnen könnte. Jedes Gesetz, jede Norm, jede tagtägliche Entscheidung ist eine Entscheidung aufgrund bestimmter Interessen und Sachzwänge! Kein Mensch, so nehme ich an ist in der Lage, vollkommen objektive Entscheidungen oder sogar Gesetze zu beschließen. Die Vorstellung einer absoluten Wahrheit, derer man sich annähern und u.U. diese sogar erreichen kann, ist mehr als fragwürdig.

Kommen wir zu den historischen Einschätzungen der KPD. Die Äußerung ‚Stalin habe bis zu seinem Tod großartiges geleistet', mutet angesichts der millionenfachen Toten, Verfolgten und von Repression Betroffenen skurril an. Des Weiteren die DDR als Ergebnis der antifaschistischen Bemühungen zu bezeichnen, ist zumindest arg gewagt. Sicherlich war nicht alles im ‚System DDR' schlecht oder zu verurteilen. Jedoch muss dort wo es Willkür, Gewalt und Verfolgung Andersdenkender gab, der Finger buchstäblich in die Wunde gelegt werden müssen. Nur wer bereit ist Fehler und Verbrechen der Vergangenheit als solche zu erkennen und zu benennen, wird diese in Zukunft vermeiden können!

3.2 Die DKP (Deutsche Kommunistische Partei):

Die Deutsche Kommunistische Partei (folgend: DKP) gibt als Ziel den Kommunismus, genauer die Aufhebung aller Klassen sowie die Wertschätzung der Arbeit als ‚Selbstbedürfnis' aus. [106] Ferner sieht diese ein gesellschaftliches Eigentum an den Produktionsmitteln, Finanzinstitutionen und natürlichen Rohstoffen vor. Mit Blick auf die Zielgruppe zeigt sich hier der erste Unterschied zu KPD. Allgemein wird zwar weiterhin die Arbeiterklasse als entscheidendes Glied in der Kette betrachtet, andere Gruppen aber nicht gänzlich ausgeschlossen.[107] Die DKP strebt eine offene Auseinandersetzung mit den Menschen, um die ‚besten Lösungen' an, wobei jede Bemühung kapitalistische Strukturen wiederherzustellen, unterbunden werden soll. [108] Die revolutionären Veränderungen eines Landes können demnach nur erfolgreich sein, wenn es

---

[106] Vgl. Köbele, Patrick u.a. (2018): Programm der Deutschen Kommunistischen Partei, S. 21.
[107] Ebd., S. 22.
[108] Ebd., S. 23.

gelingt auch in anderen Staaten einen entsprechenden Wandel zu bewirken.

Die Wirtschaft in den ehemaligen ‚Ostblockstaaten' erfolgte laut DKP nach gesellschaftlichem Plan.[109] Folglich ist es gelungen Obdach- und Arbeitslosigkeit zu überwinden, jedem gleiche Bildungschancen zu bieten und die Emanzipation der Frau zu garantieren.[110] *„Mit der DDR entstand auf deutschem Boden eine sozialistische Alternative zum deutschen Imperialismus. Die DDR, ihr konsequenter Antifaschismus, ihr Eintreten für Frieden, Entspannung und Abrüstung sowie die Verwirklichung elementarer sozialer Grundrechte gehören zu den größten Errungenschaften der deutschen Arbeiterbewegung und sind Teil des humanistischen Erbes in Deutschland."*[111] Das ‚Endziel', der Sozialismus, so ist sich die DKP sicher, ist nicht über vereinzelte Reformen und Verbesserungen zu erreichen, sondern nur mittels der ‚Überwindung der kapitalistischen Strukturen'.[112] Grundlegend ist hierbei die Gewissheit, dass die ‚Interessen der Arbeiterklasse' und jene der ‚Kapitalisten' keinerlei Kompromiss zulassen. Dabei gilt es zuerst, die im Grundgesetz enthaltenen Rechte und Freiheiten vor einem fortschreitenden Abbau zu

---

[109] Ebd., S. 25.
[110] Ebd.
[111] Ebd.
[112] Ebd., S. 28.

bewahren. [113] „*Wir verteidigen die Legitimität unserer Bewegung, die Millionen von Menschen im Ringen um ihre Rechte und um Frieden inspiriert hat. Wir halten die Erinnerung an diese Kämpfe wach. Wir sind uns dabei aber bewusst, dass auf diesem Weg Fehler, Unrecht und Verbrechen geschahen. Dies gilt es in Zukunft zu verhindern.*"[114]

Welche Einschätzung kann man nun aus diesem Programm gewinnen? Zunächst ist der DKP zugute zu halten, dass diese ihr Blickfeld (mit Vermerk auf die ‚Zielgruppen' der Politik) ausweitet und sich somit zumindest die Möglichkeit eines breiteren Bündnisses offen hält. Jedoch geht die Partei, ähnlich wie die KPD von gesellschaftspolitischen Annahmen aus, die in der Form nicht mehr vorhanden sind, dem industriellen Arbeiterbild des 19. Jahrhunderts (siehe Kapitel 5, in dem auch der heutige gesellschaftliche Aufbau geschildert wird). Wenn, und davon bin ich überzeugt, die marxistisch-leninistische Theorie heutzutage greifen soll, ist es zwingend nötig diese zu erneuern, weiterzuentwickeln!

Weiterhin findet sich im Programm der DKP keine plausible Begründung dafür, warum der Sozialismus Ende der 1980er Jahre scheiterte. Der Verweis auf die

---

[113] Ebd., S. 29.
[114] Ebd., S. 44.

‚konterrevolutionären Ereignisse' im In- und Ausland verbirgt, dass die politische Realität der DDR mit Nichten der Gleichheit aller entsprach, sondern eher der Stoßrichtung: alle sind gleich, die Partei aber gleicher. Wie sonst ist es zu erklären, dass führende Funktionäre der SED (Honecker, Mielke usw.) die ‚Vorzüge des Kapitalismus', d.h. Produkte aus kapitalistischen Ländern, Reisen und luxuriöse Behausungen besaßen, die der landläufigen Bevölkerung verwehrt blieben? Lediglich eine seichte Kritik mit Bezug auf die zunehmende Bürokratie im ‚Arbeiter- und Bauernstaat' findet sich vereinzelt im Programm wieder.[115]

Ein regelrechter Widerspruch besteht hinsichtlich dem Punkt ob Reformen, beispielsweise in Form der Verbesserung der Arbeitslage (Mindestlohn, Wochenarbeitszeit, Personalschlüssel etc.) notwendig oder nichtig sind, da sie ‚das System' als solches nicht infrage stellen. Zunächst wird mitgeteilt, dass der Sozialismus nicht über Reformen innerhalb des politischen Systems erreichbar ist – also ein Bruch unausweichlich scheint.[116] Wenig später findet sich aber das genaue Gegenteil, nämlich die Forderung nach eben einer solchen

---

[115] Ebd., S. 26.
[116] Ebd., S. 28.

Reformpolitik.[117] Wem diese Logik noch nicht ausgereift genug erscheint, der wird sich spätestens mit dem Vermerk, die Interessen ‚der Arbeiter' und jene ‚der Kapitalisten' lassen sich unter keinen Umständen zusammenbringen die Frage stellen, was die Partei denn nun eigentlich will. Gerade dieser Aspekt zeigt wie sehr die DKP in sich zerstritten ist und auf der Suche nach einem akzeptablen Kompromiss mehr Zweifel denn Gewissheit ausstrahlt.

Weiterhin wird beim Blick auf die Geschichte der DKP mehr als deutlich, dass ihr Dasein, ihr Entstehungsprozess bzw. Neugründung nicht das Ergebnis revolutionären Elans, sondern vielmehr außenpolitischer Machtspiele zwischen der Regierung Willy Brandts einerseits, sowie der Führung von Sowjetunion und SED andererseits darstellt![118] Eine solch hörige und zugleich opportunistische Fraktion kann somit kein Vorbild revolutionärer Umgestaltung sein.

Letztlich ist auch die Heroisierung der DDR ein Problem. Weder gab es die freien Bildungsmöglichkeiten für alle (man denke an Oppositionelle sowie deren Kinder, Leute, die sich nicht in der SED engagieren wollten, religiös gläubige Menschen usw.), noch ist die DDR, zumindest

---

[117] Ebd., S. 30.
[118] Vgl. Roik, Michael (2006): Die DKP und die demokratischen Parteien. Paderborn: Ferdinand Schöningh Verlag.

ihrer führenden Parteifunktionäre nach, ein Pol der Entspannung gewesen. An dieser Stelle sei auf die Kooperation der Stasi (=Staatssicherheit der DDR) mit der Roten Armee Fraktion (kurz: RAF) verwiesen, die nicht nur den ‚Aussteigern' der Gruppe eine neue Identität gegeben, sondern auch aktive Kämpfer im Umgang mit Waffen unterrichtet hat.[119] Im Nachgang sind diese Vorgänge allzu gern als privates ‚Hobby' von Erich Honecker und Erich Mielke abgetan worden. Aber ich kann nicht einerseits die ‚großen Erfolge' der DDR (und damit des Staatschefs sowie dessen Sicherheitsorgane) feiern und andererseits bei missliebigen Themen (wie dem Umgang mit der RAF), die gleichen Personen als ‚unschuldige Privatiers' kennzeichnen! Auch hierbei möchte ich nochmals sagen, nicht alles in der DDR war schlecht! Das heißt jedoch nicht, dass man sich der berechtigten, punktuellen Kritik verwehren sollte. Gerade vor dem Hintergrund revolutionärer Perspektiven sind ideologische Denkschablonen und zwanghafte Huldigungen nicht hilfreich.

Auch der Stellenwert einer lebendigen Streitkultur darf ernsthaft bezweifelt werden. Zum einen setzt diese voraus,

---

[119] Vgl. u.a. https://www.stasi-mediathek.de/sammlung/stasi-und-raf/ sowie https://www.mdr.de/zeitreise/ddr-als-unterschlupf-fuer-raf-terroristen-100.html, abgerufen am 20.11.2018.

dass Meinungen unterschiedlicher Couleur frei geäußert und gehört werden sowie andererseits eine Akzeptanz der Mitglieder im Hinblick auf einmal beschlossene Sachfragen. Das nicht alle Mitglieder einer Partei immer 100%ig mit den Beschlüssen zufrieden sind, ist klar. Dennoch sollte diese Unzufriedenheit nicht in internen Machtkämpfen gipfeln, die zuletzt nur die Partei schwächen. Damit soll keineswegs gesagt werden, dass es keine Streitkultur in Parteien geben dürfe, aber es ist die Art wie sie geführt wird, die über die Handlungsfähigkeit einer Partei maßgeblich mitentscheidet. Wie später sichtbar, besteht bei der MLPD das genaue Gegenteil: eine zentralisierte personelle wie inhaltliche Marschrichtung.

Doch davor wenden wir uns noch einer anderen revolutionären Gruppierung zu: der Sozialistischen Gleichheitspartei (kurz: SGP).

3.3 Die SGP (Sozialistische Gleichheitspartei):

Die theoretische Grundlage der SGP findet sich in den Ausführungen Leo Trotzkis (siehe Kapitel 2). Ziel ist demnach die Beseitigung der Klassengesellschaft, sowie die Ausbeutung des Menschen durch selbigem, die Vergesellschaftung der Produktivkräfte, die Abschaffung aller Grenzen sowie die Errichtung einer ‚rationalen, globalen Wirtschaft'.[120] Folglich orientiert sich die SGP auf internationaler Ebene und verweist hierbei auf die globalisierte Welt und deren weltumspannende Phänomene und bezeichnet sich selbst als ‚Weltpartei'.[121] Analog zur Theorie Trotzkis findet sich hier das Schlagwort einer ‚permanenten Revolution'.[122] Die Zielgruppe der Partei bilden die Arbeiter. Dabei ist sich die SGP, ähnlich wie KPD oder teils die DKP, dass ‚der Kapitalismus' nicht reformierbar ist, sondern nur über einen vollständigen Bruch eine verbesserte Lebenssituation eintreten kann.[123] Dabei distanziert sie sich von der SPD, den Grünen sowie der Linkspartei und fordert eine Abkehr der Arbeiter, insbesondere von der SPD. Aber nicht nur gegenüber parteilichen Akteuren zeigt sich die SGP kritisch. Sie fordert darüber hinaus einen Bruch und Distanzierung gegenüber den Gewerkschaften, betont jedoch zugleich, dass ein vereinzeltes Engagement mit diesen weiterhin möglich bleibe.[124] Auch nach der Gründung der Bundesrepublik Deutschland sind die Massen systematisch vom Prozess der politischen Teilhabe ausgeschlossen. Schließlich gibt

---

[120] Vgl. Rippert, Ulrich, Christoph Vandreier (2010): Grundsatzerklärung der SGP, S. 2.
[121] Ebd., S. 11.
[122] Ebd., S. 2.
[123] Ebd., S. 4.
[124] Ebd., S. 13.

sie an, dass das politische System in Deutschland heute seinen Zenit längst überschritten hat.[125]

Mit Blick auf die Geschichte der DDR gibt die SGP zu bekunden, dass die DDR weder ein demokratischer noch ein sozialistischer, sondern allenfalls ein ‚bürokratisch-deformierter' Staat war.[126] Die staatstragende Partei (SED) sei der Verbund zweier bürokratischer Apparate gewesen – der stalinistischen SED sowie der sozialdemokratischen SPD.

Zu guter Letzt spricht die SGP davon, dass es ohne den Sozialismus auch keine demokratischen Verhältnisse geben kann, diese sich folglich gegenseitig bedingen. Voraussetzung ist jedoch ein Bewusstsein über die Wirkungsweise des Kapitalismus, das den Arbeiter*innen vermittelt werden muss. [127] *„Ohne revolutionäre Theorie kann es auch keine revolutionäre Bewegung geben."*[128] Die Partei hat die Aufgabe, die objektive Lage zu vermitteln und die Arbeiter auf ihre künftigen Herausforderungen vorzubereiten. Dabei spielt es praktisch keine Rolle, ob diese bereits ‚reif' für die propagierten Aufgaben sind oder nicht. So betont die SGP: *„Unsere Aufgaben hängen nicht*

---

[125] Ebd., S. 7.
[126] Ebd., S. 6.
[127] Ebd., S. 9.
[128] Ebd.

vom Bewusstsein der Arbeiter ab."[129] Hierbei kann auch Gewalt zum Tragen kommen. Dieses ‚Recht auf Verteidigung' wird vehement gefordert, man lehnt in diesem Zusammenhang aber ‚unschuldige Opfer' ab.[130]

Zuletzt sei noch das Organisationsprinzip beschrieben, dass der SGP zugrunde liegt – der demokratische Zentralismus. Dieser sieht, laut Partei eine freie Diskussion mit Mehrheitsentscheid, verbindliches Handeln nach einmal gefällten Beschlüssen sowie strikte innerparteiliche Disziplin vor.[131]

Wie ist es um das Programm und somit die Partei bestellt? Die Annahme eine globale, weltumspannende Veränderung der politischen Verhältnisse nahezu zeitgleich vornehmen zu können, kann durchaus als Illusion bezeichnet werden. Nicht nur, dass ein wie auch immer gearteter ‚Automatismus' nicht gegeben ist, das heißt, sich eine sozialistische Veränderung nicht per se vollzieht, auch die schier grenzenlose Selbstüberschätzung der SGP ist zumindest fragwürdig. Weder besitzt sie derzeit auch nur irgendeine Form der Verankerung in ‚den Massen' (sofern man den Glauben an ein homogenes Ganzes teilt), noch kann sie für sich den Anspruch erheben gar eine

---

[129] Ebd., S. 12.
[130] Ebd., S. 5.
[131] Ebd., S. 14.

‚Weltpartei' zu sein![132] Zugutehalten kann man der Partei sicherlich, dass sie sich zumindest zu einer kritischen Stellungnahme gegenüber der DDR durchringen konnte (was sie der KPD und teils der DKP voraus hat). Jedoch ist auch mit Blick auf die Weisung der Arbeiter eine Art Größenwahn am Werk, der schwerlich zu ertragen ist. Einerseits betont die SGP die Arbeiter*innen in den Mittelpunkt ihrer Politik stellen zu wollen, andererseits spricht sie diesen aber ein eigenständiges Denkvermögen ab und verweist nahezu dreist darauf, dass ihre Aufgaben ja nicht vom Bewusstsein der Arbeiter abhängig sind![133]

Wie sollen denn die Arbeiter*innen (Gesetz den Fall man folge dieser Gesellschaftsstruktur) einen Willen zum Sozialismus entwickeln, wenn man ihnen zugleich ihre zentrale Rolle im revolutionären Prozess abspricht?!

Ein weiterer Kritikpunkt findet sich hinsichtlich der ‚objektiven Bedingungen', die im Parteiprogramm häufig zur Sprache kommen. Es kann weder eine ‚objektive Lage' noch irgendwie geartete ‚objektive Voraussetzungen' geben, denn eine solche Annahme setzt voraus, dass ich mir anmaße zu wissen, was diese konkret sind und wie sich diese entwickeln.[134] Kein Mensch, so bin ich der Meinung

---

[132] Ebd., S. 11.
[133] Ebd., S. 12.
[134] Ebd., S. 2 sowie S. 12.

kann, unabhängig vom jeweiligen Wissensstand behaupten, er oder sie könne die Welt mit all ihren Fassetten und Akteuren auf alle Zeit erklären. Eine derartige Behauptung zeugt von einer selbstbezogenen Überhöhung des eigenen Geistes und von einer Unterschätzung des Gegenübers.

Darüber hinaus ist der Anwendung von Gewalt bei der SGP skeptisch zu begegnen. Man steht grundsätzlich zum ‚Recht auf Widerstand', lehnt aber ‚unschuldige Opfer', ab? Die Kategorisierung von Menschenleben in ‚schuldig' respektive ‚unschuldig' öffnet der Willkür Tür und Tor! Die größten Verbrechen der Menschheitsgeschichte ergeben sich aus eben jenen Einteilungen in ‚gerechtfertigte' und ‚abzulehnende' Gewalt.

Ein letzter jedoch nicht minder entscheidender Aspekt stellt die Bündnisfrage, das heißt, die mögliche Zusammenarbeit mit den Gewerkschaften dar. Auch hier positioniert sich die SGP mehr als unklar. Sagt sie zunächst die Arbeiter*innen sollen sich vollkommen von den Gewerkschaften distanzieren, plädiert sie wenig später für eine teilweise Kooperation mit ebendiesen. [135] Allein die Idee, dass Arbeiter sich vollständig von den Gewerkschaften abwenden (was bisweilen ihre mitunter einzige Chance zur

---

[135] Ebd., S. 13.

Verbesserung der Arbeitsverhältnisse darstellt), kann nur als realitätsfremd bezeichnet werden. Wenn anschließend dann doch eine Zusammenarbeit, zumindest auf dem Papier, möglich sein soll, so tut die SGP gut daran sich in die <u>konkrete Lebenssituation</u> derer, die sie eigentlich repräsentieren möchte, einzufühlen!

„Die Wahrheit hat nie jemanden verletzt, solange er sich selbst daran gehalten hat."[136] Vielleicht sollten sich die Mitglieder der hier angeführten Parteien diese Mahnung einmal vor Augen führen und sich nicht selbst in scheinbarer Überlegenheit gegenüber allen anderen wähnen.

3.4 Die MLPD (Marxistisch-Leninistische Partei Deutschlands):

Zu guter Letzt betrachten wir nun das Programm der Marxistisch-Leninistischen Partei Deutschlands (folgend: MLPD. Grundlegend sieht diese den Widerspruch zwischen der Bourgeoisie mit dem ‚allein herrschenden internationalen Finanzkapital' einerseits sowie der ‚internationalen Arbeiterklasse' andererseits im Zentrum ihres Programms. [137] Es bestehe überdies ein

---

[136] Ebd., S. 14.
[137] Vgl. Fechtner, Gabi et al. (2016): Programm der Marxistisch-Leninistischen Partei Deutschlands, S. 15.

Grundwiderspruch zwischen der kapitalistischen Produktion, welche sich immer weiter ausdehnt und der ‚nationalen Begrenztheit der Märkte'. Allgemein führt die MLPD aus, dass sich das ‚imperialistische Weltsystem' in einer Krise befindet, die sich in der zunehmenden internationalen Konkurrenzsituation zeigt.[138] Diese Krise reicht soweit, dass die Beteiligten willens sind sich sogar physisch zu vernichten. Auf der anderen Seite wiederum sind die Voraussetzungen für die VSSE (=Vereinigten Sozialistischen Staaten Europas) günstiger denn je.[139] Durch den Aufbau der VSSE könnten alle Formen von Ausbeutung der Werktätigen, Wirtschaftskrisen und Kriege überwunden und die Einheit von Mensch und Natur wiederhergestellt werden.[140] Die MLPD sieht ihre Zielgruppe klar in der internationalen Arbeiterklasse. Des Weiteren gilt ein gemeinsames Eigentum an den Produktionsmitteln, das über ‚bewusste Massenaktionen' und keinesfalls mittels Anordnung von ‚oben', durch die Arbeiter*innen und deren Verbündete erzielt werden soll, als Zielstellung der Partei.[141] Dabei kommt der Jugend eine wichtige Rolle zu. Diese soll als ‚praktische Avantgarde' dienen und über den Zwischenschritt des Sozialismus

---

[138] Ebd., S. 19.
[139] Ebd., S. 16.
[140] Ebd., S. 59.
[141] Ebd., S. 60f.

letztlich zum weltweiten Kommunismus führen.[142] Als Ergebnis des regelmäßigen ideologischen Kampfes, um die Verinnerlichung des ‚sozialistischen Bewusstseins', der Überwindung der bürgerlichen Moral sowie des Kampfes gegen die Widerkehr der Kapitalisten, gehen die staatlichen und behördlichen Funktionen zunehmend in die Hände ‚der Massen' über.[143]

Weiterhin wird eine Verknüpfung von politischem und wirtschaftlichem Kampf propagiert, wobei die einheitliche Präsenz der Arbeiter*innen zentral erscheint. Als theoretische Basis gibt die MLPD die revolutionären Traditionen der KPD, des deutschen Proletariats und deren Führungspersönlichkeiten (Marx, Engels, Liebknecht, Luxemburg und Ernst Thälmann) an.[144] Allgemein kommen auch die Ideen des Marxismus-Leninismus sowie Mao Zedongs zum Tragen, die als ‚lebendige Anleitung zum Handeln' beschrieben werden.[145]

Wie beurteilt die MLPD nun die geschichtlichen Ereignisse in den ehemals sozialistischen Staaten wie der SU und der DDR?

Zunächst betont diese, dass eine schrittweise Aufhebung der sozialistischen Prinzipien in der UdSSR zu einer

---

[142] Ebd., S. 62.
[143] Ebd., S. 65.
[144] Ebd., S. 82f.
[145] Ebd., S. 99.

Rückentwicklung hin zum Kapitalismus geführt hat.[146] Diese ‚neue Bourgeoisie' hat nun die Errungenschaften Lenins und Josef Stalins schrittweise aufgehoben. Die SED hat sich indes einer ‚pseudomarxistische Ideologie' hingegeben und den Einsatz vieler Menschen missbraucht, um vom bürokratisch-kapitalistischen Wesen der DDR abzulenken.[147] Letztlich kommt die Auflösung der ehemals sozialistischen Länder in Wahrheit einem „Niedergang des geschwächten revisionistischen Teils des imperialistischen Weltsystems" gleich.[148] Die MLPD erkennt weiterhin die Errungenschaften beim Aufbau des Sozialismus in der UdSSR und DDR an, kritisiert dabei aber ebenso Fehler, Versäumnisse und Probleme bis hin zu Verbrechen im Namen des Sozialismus. Nach dem Tod Stalins ist der Kampf gegen die ‚kleinbürgerlich entarteten Vertreter' zunehmend in den Hintergrund gerückt. [149] Als ‚Gegenbeispiel' führt die MLPD hier die KPCh (=Kommunistische Partei Chinas) an, welche sich 1956 gegen Revisionisten und für die ‚proletarische Kulturrevolution' als zentrale Methode des Kampfes gegen die Restauration ehemaliger Strukturen eingesetzt hat.[150]

---

[146] Ebd., S. 69.
[147] Ebd., S. 69f.
[148] Ebd., S. 72.
[149] Ebd., S. 73.
[150] Ebd., S. 77.

Mit Blick auf die eigene Aufgabe gibt die MLPD an, dass es ihr Ziel ist, eine entscheidende Mehrheit des internationalen Industrieproletariats in Deutschland für den Sozialismus zu gewinnen und die Kämpfe gegen das ‚allein herrschende internationale Finanzkapital' zu mobilisieren.[151] Hierbei sieht sich die Partei als Vorhut der Arbeiter*innen mit dem alleinigen Recht dieses zu vertreten.

Auch hier findet sich das Organisationsprinzip des ‚demokratischen Zentralismus' wieder. Es besteht zwar eine führende Rolle der Partei sowie des Zentralkomitees (=ZK). Darüber hinaus wird aber gleichwohl die Kritik und Selbstkritik in Zusammenarbeit mit den Massen und der Partei betont.[152] Was eine mögliche Bündnispolitik mit den Gewerkschaften angeht, so das erklärte Ziel der MLPD eine stetige Verbindung mit diesen herzustellen.[153]

Zuletzt betrachten wir noch die Frage, wie die MLPD zu Gewalt im revolutionären Prozess steht. Dabei betont sie, dass sich *„die Frage der Gewalt unabhängig vom Willen des Proletariats [stellt]. Wenn die Kämpfe einen revolutionären Aufschwung nehmen, werden die Monopole nach allen geschichtlichen Erfahrungen versuchen, ihre Macht mit brutaler Gewalt aufrechtzuerhalten. Deshalb*

---

[151] Ebd., S. 81.
[152] Ebd., S. 103.
[153] Ebd., S. 84.

*muss sich die Arbeiterklasse unter Führung der Partei
gegebenenfalls zum bewaffneten Aufstand erheben.*"[154]
Welche Punkte des MLPD-Programms sind aus meiner
Sicht problematisch, wenn nicht gar illusionär? Der erste
Kritikpunkt bezieht sich auf die Sichtweise der Partei
gegenüber Stalin sowie dessen ‚Errungenschaften'. Wie
bereits bei den zuvor betrachteten Organisationen (KPD,
DKP und SGP) findet auch hier eine unerträgliche
Mythenbildung um eine Person statt die, zumindest aus
menschenrechtlicher Perspektive, unhaltbar ist. Ein
politisches System, das sich die freie Entfaltung von
Menschen, deren friedliches Zusammenleben und
Menschlichkeit auf die Fahnen schreibt und letztlich nur
gegenteilige Ergebnisse bringt (Tote, Repression,
Verfolgung Andersdenkender, Hungersnöte usw.) kann
NIEMALS mit den sozialistischen oder kommunistischen
Prinzipien vereinbar sein! Gleiches gilt für Mao Zedong
sowie dessen ‚lebendiger Anleitung zum Handeln'[155], die
der dortigen Bevölkerung Hungersnöte, ausufernde
‚Mordkommandos' sowie die Zerstörung kulturellen Erbes
eingebracht hat! Eine Partei die vorgibt sie hätte
‚Alleinstellungsmerkmale', die nur in der Nacheiferung
despotischer Systeme bestehen, kann keine wie auch

---

[154] Ebd., S. 87.
[155] Ebd., S. 99.

immer geartete Alternative bieten. Anstelle den teilweisen ‚Schulterschluss' mit diesen Systemen zu suchen, sollte die MLPD lieber ihre Kritik (wie z.B.: gegenüber der DDR sowie der SU nach 1956) für ein reflektierteres Weltbild nutzen.

Ein weiterer negativer Aspekt stellt die Vorstellung der ‚Vereinigten Sozialistischen Staaten Europas' dar. Zum einen ist, bei dem Blick auf die momentane politische Lage, nicht von einer schnellen revolutionären Veränderung auch nur eines Landes auszugehen. Zum anderen ist die Vorstellung mit solch einem Gebilde *„endeten alle [Formen] von Ausbeutung der werktätigen Massen, Wirtschaftskrisen und Kriege"*[156] mehr als nur gutgläubig. Eine Garantie für Frieden, Wohlstand und Zufriedenheit kann es nicht geben (zumal diese ‚Ziele' je nach betrachtender Person anders beurteilt werden können). Einmal mehr schlüpft die MLPD in die Rolle eines religiösen Propheten, der seinen noch zaghaften Jüngern die Verheißung auf die kommende Welt nahezubringen versucht.

Nun zu den wirtschaftlichen Sichtweisen der Partei. Man kann im 21. Jahrhundert durchaus von einem ‚globalen Weltmarkt' ausgehen, auf dem sich wirtschaftliche wie politische Entscheidungen vollziehen. Aber von einer Art ‚einheitlichen Weltmarkt' im Sinne eines unterschiedslosen

---

[156] Ebd., S. 59.

Gebildes zwischen den Staaten und Unternehmen sind wir meines Erachtens weit entfernt. Wie wären dann nationalstaatliche Maßnahmen wie die ‚America First'-Kampagne des US-Präsidenten Trump oder die unterschiedlichen Interessen der Staats- und Regierungschefs im Rahmen der G20-Treffen erklärbar? Auch zwischenstaatliche Abkommen, man nehme beispielsweise TTIP oder CETA würden wenn man von einem einheitlichen Markt ausgeht, keinen Sinn ergeben.

Weiterhin ist der Führungsanspruch der MLPD sowie deren ‚Umgang' mit ihrer Zielgruppe, der Arbeiterklasse, zu hinterfragen. Das sich eine Partei zur Speerspitze ernennt, ist wahrlich kein neues Phänomen (siehe KPD, DKP, SGP). Aber eine derartige Ambivalenz zwischen dem was angestrebt wird (nämlich die Revolution durch die internationalen Arbeiter*innen) und der ‚Entmündigung' dieser im Ernstfall (Gewaltfrage stellt sich unabhängig von dem, was die Menschen eigentlich wollen) ist durchaus beachtenswert. Wie kann eine Organisation, die eine revolutionäre Veränderung auf Basis der Arbeiter anpeilt, die selbigen nur kurze Zeit später wieder in die zweite Reihe verbannen, um deren Vorbehalte nicht hervortreten zu lassen, nämlich das Gewalt unter Umständen von dem Großteil der Arbeiter gar nicht gewollt ist?! Mit Äußerungen wie diesen und der ‚Disziplinierung' in der MLPD selbst (es gilt die führende Rolle der Partei sowie des Zentralkomitees) disqualifiziert sich die Partei von ihrem ‚Vertretungsanspruch' und offenbart, wie weit sich die ‚Arbeiterpartei' von deren Zielgruppe schon entfernt hat.

Zusammenfassend können folgende Punkte herausgestellt werden, welche alle dargestellten ‚revolutionären' Parteien gemein haben:

- ein eigener Führungsanspruch im revolutionären Prozess (die eigene Partei gilt als ‚alleiniger Vertreter der Arbeiter*innen')

- die geschichtliche Fürsprache gegenüber den ‚Leistungen' der ehemaligen Sowjetunion (allen voran Josef Stalins) sowie der DDR (zumindest in den Aufbaujahren)

- die Teilung der Gesellschaft in Arbeiter*innen einerseits sowie Kapitalisten und Politiker andererseits

- die Erkenntnis, dass Reformen ‚im System' (wie Tariflösungen etc.) nicht zielführend sind, sondern das System selbst (auch bei zeitweiser Reformpolitik) überwunden werden muss

- das Streben nach einer internationalen Revolution, die letztlich den Charakter eines weltweiten Kommunismus annehmen kann

4. Kritik an der Theorie und Probleme in der ‚praktischen Anwendung':

Wie bereits zuvor angeklungen, gibt es nicht nur negative Aspekte in den Programmen der als revolutionär bezeichneten Parteien. Vielmehr stellt auch die dahinterstehende Theorie an manchen Punkten ein Problem dar. Denn oft ist unklar wie bestimmte Aussagen von Theoretikern (Marx, Trotzki usw.) genau zu verstehen sind, auch weil eine nähere Beschreibung der Begriffe unterbleibt. Im Folgenden sollen nun einige dieser Widersprüche aufgezeigt werden. Es geht hierbei <u>nicht</u> um die Ablehnung oder gar Widerlegung der marxistisch-leninistischen Theorie. Aber jede Überlegung hat Schwächen wie Stärken und kann von einer kritischen Bestandsaufnahme profitieren. Nur so ist es uns möglich, die theoretischen Überlegungen Marx' und Lenins auf die derzeitige Lage zu übertragen und fruchtbar zu machen.

1. Der marxistische Klassenbegriff:

Zunächst zum marxistischen Klassenbegriff. Dieser wurde, überraschenderweise von Marx nicht selbst definiert und lässt somit unterschiedliche Sichtweisen zu.[157] Man kann

---

[157] Vgl. Heller, Hermann (1967): Definition des Staates, in: Fetscher, Iring (Hrsg.): Der Marxismus. Seine Geschichte in Dokumenten, S. 179.

zum Beispiel die ‚Klassen' anhand wirtschaftlicher Aspekte einteilen. So können die Einkommensverhältnisse ein Kriterium für die Zuordnung zu verschiedenen Klassen sein. [158] Darüber hinaus könnten die Klassen ebenso aufgrund sozialer Aspekte gebildet werden, d.h., hier würden quasi gemeinsame Erfahrungen genutzt, um die Individuen zuordnen zu können. [159] Allerdings ist eine präzise Einordnung so kaum möglich, denn die Erfahrungen müssten soweit abstrahiert[160] werden, dass eine ‚gemeinsame Basis' erkennbar wäre. Wichtig beim Begriff der Klasse ist zudem, eine gemeinsam geteilte Überzeugung sowie das Wissen darüber, welche Interessen die ‚Klasse' kennzeichnen. Handelt es sich um wirtschaftliche, politische oder soziale Ziele, welche die Gemeinschaft verfolgen möchte?[161] Hierbei tut sich aber ein weiteres Problem auf, nämlich in der Frage, ob es so etwas wie einen auch immer gearteten ‚gemeinsamen Willen' dieser Klasse geben kann?

Dies kann zwar unter Umständen funktionieren, aber dieser ‚gemeinsame Wille' lässt sich nicht so ohne Weiteres auf die Gesellschaft als solche übertragen.[162] Denn was wäre

---

[158] Ebd., S. 179f.

[159] Ebd., S. 180.

[160] Der Begriff ‚**abstrahieren**' bezeichnet eine Art des Verallgemeinerns, mit Hilfe dessen gemeinsame Merkmale unterschiedlicher Fälle sichtbar werden sollen.

[161] Ebd., S. 182-184.

[162] Ebd., S. 186-188.

jenes gemeinsame Ziel im Angesicht der anderen, zum Teil entgegenstehenden Interessen wert? Eine simple Ausweitung des ‚gemeinsamen Willens' zum ‚Willen aller', nach dem Credo ‚man verfolge so oder so die Interessen der ‚meisten' Menschen in einem Staate und der Rest (so groß dieser auch sein möge) solle sich dem einfach fügen, ist nach allen bisherigen geschichtlichen wie politischen Erfahrungen realitätsfremd. Weiterhin kann auch zwischen der ‚Klasse' und der ‚Partei', hinsichtlich des Begriffsursprungs unterschieden werden. Denn eine ‚Klasse' hat, wie wir zuvor schon betont hatten einen wirtschaftlich-sozialen Charakter, der sich aus dem jeweiligem Maßstab ergibt.[163] Die Partei jedoch ist aber als solche Gegenstand der Politik. Um nicht auf rein wirtschaftlicher Basis ‚Klassen' in einer Gesellschaft zu bilden, empfiehlt es sich daher auch die soziale Dimension miteinzubeziehen.

„Indes sind selbst die Klassen heute nichts starr Abgeschlossenes, ihre Grenzen nichts weniger als streng abgesteckt [...]. Hierher gehört neben dem Umstand, dass die Klassengliederung heute an vielen Stellen in starker Verschiebung begriffen ist, gerade [in der] Entwicklung des

---

[163] Vgl. Bernstein, Eduard (1967): Die Mängel des Marxschen Klassenbegriffs, in: Fetscher, Iring (Hrsg.): Der Marxismus. Seine Geschichte in Dokumenten, S. 496.

modernen Parteiensystems."[164] Eine Weitung des Blickes auf die soziale Lage würde selbstredend nicht nur Vorteile mit sich bringen. Denn die Bildung und Zuordnung zu einer Klasse würde gewiss schwieriger, allen voran wären aber die Parteien gezwungen ihre ‚Klassensichtweise des 19. Jahrhunderts' zu hinterfragen, wenn nicht gar zu erneuern.

In diesem Zusammenhang betont auch Heinrich Cunow, dass die Klassenbildung anhand des Berufs eines Menschen bzw. dessen Verdienst als Merkmal nicht ausreichend sind. [165] Vielmehr sollte das konkrete Lohnverhältnis gegenüber ‚dem Kapitalisten', seine Leistung von Mehrarbeit sowie das Hervorbringen von Kapitalprofit in den Blickpunkt genommen werden. Ob dies allerdings zu einer realistischeren, das heißt, gegenwartsbezogeneren Klassenbildung führt, ist äußerst fraglich. Denn weder lässt sich die ‚Mehrarbeit' als Indikator festmachen (wie viel Arbeitsleistung wäre demnach ‚genug' um die Maschine herzustellen oder die Dienstleistung ausreichend zu erfüllen?), noch kann die Erzeugung von ‚Kapitalprofit', heißt Umsatz, eindeutig dem Eigentümer einer Firma zugewiesen werden.

---

[164] Ebd., S. 498.

[165] Vgl. Cunow, Heinrich (1967): Die marxistische Klasse – kein Berufsstand, in: Fetscher, Iring (Hrsg.): Der Marxismus. Seine Geschichte in Dokumenten, S. 515.

2. Wie weit geht die revolutionäre Änderung?

Des Weiteren lässt Marx, mit Blick auf Staat und Gesellschaft offen, welche Ziele und Rechtfertigung für eine revolutionäre Veränderung er denn genau anstrebt. Sollen die staatlichen Behörden und Institutionen letztlich aufgelöst oder der Bereich ‚des Politischen' gar auf die Privatsphäre ausgeweitet werden? [166] Während kommunistische Vertreter klar dem ersteren den Vorrang geben würden (d.h. das finale Ziel des Kommunismus macht ‚den Staat' und seine Behörden unnötig), plädieren eher sozialistisch orientierte Persönlichkeiten für den Erhalt dieser, wobei die ‚sozialistische bzw. kommunistische Denkweise' Schritt für Schritt an die Bevölkerung herangetragen werden muss.

3. Die Rolle von Parteifunktionären:

Auch bei Betrachtung der Rolle von ‚Parteifunktionären' im realen politischen Geschehen (beispielsweise der DDR), treten doch zumindest Fragen an der Glaubwürdigkeit der so euphorisch verfochtenen Gleichheit aller im Sozialismus auf. Denn nicht selten waren parteiliche Funktionäre und Verwaltungsbeamte der staatstragenden Parteien mit

---

[166] Vgl. Heller, Hermann (1967): Definition des Staates, in: Fetscher, Iring (Hrsg.): Der Marxismus. Seine Geschichte in Dokumenten, S. 254.

Privilegien ausgestattet, welche das ‚Volk' als solches nicht innehatte.[167] Gemeint sind neben Reisemöglichkeiten, der Erwerb bestimmter Produkte aus dem ‚kapitalistischen Ausland' sowie die zum Teil luxuriösen Behausungen führender ‚Kader.' Damit einher geht das Selbstverständnis der revolutionären Parteien (KPD, DKP, SGP sowie MLPD) sich selbst als Speerspitze einer künftigen Umgestaltung der Gesellschaft zu sehen. Wie bereits im vorherigen Kapitel ausführlich erklärt, ist ein solches ‚Spannungsverhältnis' (man möchte Sprachrohr der Arbeiter sein, verlangt aber zugleich deren bedingungslosen Gehorsam in der Sache/der Revolution) schwer zu vermitteln. Denn die Arbeiter*innen sowie weitere Gesellschaftsmitglieder sind in erster Linie an der Verbesserung ‚ihrer eigenen Lage' interessiert, was übrigens auch Mao so annimmt. Dann eine rigide oder teilweise Ablehnung gegenüber Reformen ‚im System', wie der Tariffrage oder dem Auskommen mit der eigenen Rente mit dem Argument zu begegnen, dass diese ‚Einigungen wirkungslos seien, wenn sie nicht das System als solches in Frage stellen', zeigt einen in meinen Augen wesentlichen Grund weshalb diese Parteien auf absehbare Zeit keine parlamentarischen Mehrheiten bekommen – sie entfernen

---

[167] Vgl. Courtois, Stéphane (2010): Das Handbuch des Kommunismus. Geschichte – Ideen – Köpfe, S. 34.

sich von den lebenswirklichen Problemen der Menschen in den Staaten, um sie auf ein ‚paradiesisches Morgen' zu vertrösten! Alleine der Standpunkt als vermeintliche ‚Kader' lässt sie blind werden für die Chancen die sich im Jahr 2019 in Deutschland und der Welt für revolutionäre, weil andersartige Wege, eröffnen ließen (siehe Kapitel 5).

4. Die Frage der Gewalt:

Ein finaler Kritikpunkt, der sowohl die Parteien selbst als auch die dahinter stehende Theorie betrifft, ist die Frage der Gewalt. Grundlegend muss jede Form der Gewalt gegen Personen (ob Kapitalist, Politiker oder Andersdenkender) abgelehnt werden! Und zwar aus folgendem Zusammenhang. Gewalt, egal welche Motive dahinter stehen (religiöse, faschistische oder autonome, um nur einige Beispiele zu geben), kann kein Mittel legitimer politischer Auseinandersetzung sein. Denn die Geschichte lehrt, dass das in Aussicht gestellte ‚Ziel' der Gewalt und die Reaktionen darauf allenfalls das Gegenteil des zuvor Angestrebten bewirkt. Ein Beispiel: man ermordet einen wichtigen Repräsentanten des Staates oder einen Wirtschaftsfunktionär in der Hoffnung, dass durch die Tat und die geschilderten Hintergründe zum Getöteten, den Mord als ‚richtig' erkennen lassen (der Mann oder die Frau hat beispielsweise seine Angestellten unterdrückt, war Mitglied einer rechten Partei usw.). Was wird die Reaktion der Menschen sein? Begeisterung? Zustimmung? Nein! Die Menschen werden schockiert sein, dass ein/e Mann/Frau aus welchen Gründen auch immer getötet wurde. Kommen dann politische Rechtfertigungsversuche hinzu, bewirkt dies einzig eine gegenteilige Entwicklung. Also mit Blick auf unser Beispiel, war es z.B. das Ziel, den/die Getötete als ‚skrupellose, faschistische Person' zu enttarnen. Aber die Mehrheit der Gesellschaft wird von nun an mit noch mehr Distanz und Abwehrbereitschaft linken Parteien, Bewegungen und Personen als solche begegnen. Was ist die ‚Lehre', die man aus solch einem Beispiel ziehen sollte? Gewalt gegen Menschen ist nicht zu rechtfertigen, weder in einer ‚revolutionären Situation', noch aus religiösen oder sonstigen Motiven heraus. Es wirkt äußerst befremdlich wenn ausgerechnet Menschen und Parteien, welche sich Gleichheit und Freiheit aller auf die Agenda setzen, die Gewalt als ‚notwendig' betrachten.

Selbstverständlich bedeutet dies nicht, dass im Falle von Gewalt gegen meine Person ich diese zu erdulden habe. Es ist aber ein gehöriger Unterschied zwischen der Verteidigung, weil ich konkret gewaltsam (ob körperlich oder psychisch) bedroht werde und einem Streben nach gewaltsamen Eroberungsfantasien in denen all jene, die meine Meinung nicht teilen, als ‚Konterrevolutionäre' getötet oder gar als ‚Kollateralschaden' bezeichnet werden können! Die ‚Gewalt gegen Sachen' muss eingehender betrachtet werden. Auch hier verhält es sich ähnlich wie zuvor mit dem was ich ‚Terror-Paradox' nennen möchte (Ziel und tatsächliche Wirkung in der Gesellschaft fallen auseinander). Zerstört man Wertgegenstände Anderer, so führt dies (der G20-Gipfel in Hamburg 2017 war ein gutes Exempel dafür) ebenfalls zu Unverständnis - warum? Zum einen wurden willkürlich Gegenstände, wie Geschäfte von ‚einfachen Ladenbesitzern wie Anwohnern' vernichtet – wie sollte man da von Ihnen Zuspruch erwarten dürfen. Zum Anderen wurden diese Ausschreitungen systematisch genutzt, um vermeintlich ‚linksextreme' Phänomene in den Fokus zu nehmen. Die Absicht der selbsternannten ‚Antikapitalisten' (gemeint ist hier der schwarze Block) stand schon recht bald hinter den innenpolitischen Folgen der sinnfreien Aktion zurück (Verbot von linksunten.indymedia, Verschärfung der Sicherheitsgesetze etc.). Die Grundrechte, welche bei den Demo-Teilnehmern außerhalb des ‚schwarzen Blocks' verletzt, wie diese tlw.

menschen- und rechtswidrig behandelt wurden, spielte später leider eine zunehmend nachgeordnete Rolle.[168]

Die Geschehnisse um ‚G20' in Hamburg 2017 sind ein gutes Beispiel für die fatale Wirkung, welche solche Gewaltaktionen nach sich ziehen können. Was soll man stattdessen tun, sich der innen- wie außenpolitischen Radikalisierung nichtssagend hingeben? Nein, auch das halte ich für den falschen Weg. Man muss bei Demos, Protesten, Sit-ins usw. eine klare Position beziehen, das steht außer Frage. Aber Gewalt führt schließlich nur zu einer Beschleunigung des innen- und außenpolitischen Radikalisierungskurses und damit ist gewiss niemandem gedient! Man könnte gleichfalls sagen, dass solche gewaltsamen Aktionen einzig denjenigen zugute kommen, welche man eigentlich bekämpfen möchte, das heißt, das gewaltsame Aktionen und Proteste letztlich von ‚rechten Kräften' genutzt werden, um ihre Politik zu bestätigen (Linke seien allesamt gewalttätig, man brauche mehr Kompetenzen für die Sicherheitsorgane etc.).

Des Weiteren sollte man sich vergegenwärtigen, dass auch bei der Zerstörung von Wertgegenständen von Politikern, Wirtschaftsfunktionären und dergleichen es nicht diese

---

[168] Vgl. o.A. (2018): Razzia. Vier Festnahmen in Frankfurt und Offenbach wegen G20-Krawallen, https://www.hessenschau.de/gesellschaft/vier-festnahmen-in-frankfurt-und-offenbach-wegen-g20-krawallen,razzia-gipfel-hamburg-100.html, abgerufen am 20.11.2018.

Personen sind die für den Schaden aufkommen, sondern das ‚gemeine Volk' mittels Steuermittel dafür herangezogen wird. So wirkt beispielsweise ein Brandanschlag auf ein Auto eines AfD-Bundestagsabgeordneten (sofern man dessen ‚Dienstwagen' betrachtet) nur kontraproduktiv. Der Wagen als solches wird rasch mittels Steuermitteln ersetzt, linke Politik als ‚brandgefährlich', weil extremistisch, (im wahrsten Sinne des Wortes) abgestempelt und die Bevölkerung auf doppelte Weise verprellt. Einerseits aufgrund des entstandenen Schadens, der vom ‚Steuerzahler' beglichen wird und andererseits entsteht somit der Eindruck linke Politik bzw. linker Protest könne nur zerstörend wirken. Zudem hilft dies auch dem betroffenen AfD-Politiker, denn er/sie kann sich nun exakt in jene Opferrolle zurückzuziehen, welche die Partei allzu gern für sich vereinnahmen möchte! Wem also an der aktiven Zersetzung linker politischer Alternativen auf lange Zeit gelegen ist, der möge sich an gewaltsamen Aktionsformen beteiligen!

Zu guter Letzt kann die ‚Art', wie eine Revolution von statten geht, viel über die sich anschließende Ordnung verraten. *„Mit Gewalt kann man eine Ordnung niederschlagen, beseitigen. Mit Gewalt kann man auch eine neue Ordnung aufrichten, aber mit Gewalt kann man keine* *freie Gesellschaft schaffen. Wenn man dazu Gewalt benutzt, ist sie ja nicht mehr frei. Gewalt ist Zwang, und Zwang ist der Antipode[169] der Freiheit."[170]*

Exkurs: Der Mythos eines ‚gewaltfreien deutschen Staates:'

In diesem Unterpunkt soll mit dem Mythos aufgeräumt werden, dass es im deutschen Staat (wie in anderen westlichen Demokratien) keinerlei Gewaltmoment gebe – das ist schlichtweg falsch. Vielmehr ist es so, dass sich immer und überall wo sich die Frage nach einem organisierten menschlichen Zusammenleben stellt, die Fähigkeit des Menschen Gewalt anzuwenden grundsätzlich allgegenwärtig ist.[171] Jede soziale Ordnung, egal ob demokratisch oder diktatorisch setzt Regeln voraus. Diese Regeln beinhalten auch Aspekte wie Schutz und Furcht. Ist das nicht ein Widerspruch könnte man sich jetzt fragen? Es mutet durchaus merkwürdig an, denn Gewalt ist (nicht nur in Deutschland) negativ konnotiert[172], zugleich ist sie (trotz ihrer Abwesenheit im Alltagsleben) eine notwendige

---

[169] **Antipode** bezeichnet einen Gegensatz (Widerspruch, hier: Gewalt als gegensätzlich zur freien Entwicklung).

[170] Halter, Hans (1938): Spiegel-Gespräch. „Anarchie bleibt das Fernziel der Menschheit", http://www.spiegel.de/spiegel/print/d-14020636.html, abgerufen am 20.11.2018.

[171] Vgl. Beck, Theresa Koloma (2017): (Staats-)Gewalt und moderne Gesellschaft. Der Mythos vom Verschwinden der Gewalt, APuZ 67 (4), S. 16.

[172] **konnotiert**: emotionale, wertende Zuschreibung (positiv oder negativ)

Bedingung für das Funktionieren jeder sozialen Ordnung.[173] Denn eine solche Ordnung lässt sich nur ‚am laufen' halten, wenn sich auch alle ihre Mitglieder an die vereinbarten Spielregeln halten und diejenigen, die es nicht tun entsprechend ‚bestraft' werden können. Ein Beispiel: Würde es nicht ein jeder von uns mit Unverständnis aufnehmen, wenn jemand in unsere Wohnung einbricht, Dinge entwendet und letztlich dafür straffrei ausgeht? Sicherlich hat dieses Beispiel seine Tücken, aber es veranschaulicht gut, wie geltende Regeln und Normen (‚du darfst niemanden bestehlen') eine soziale Ordnung wie die Unsere aufrecht erhalten. Diese Spielregeln üben, ob direkt oder indirekt einen Zwang auf unser Verhalten aus indem sie uns sagen, was wir tun dürfen (z.B. arbeiten, unabhängig vom Geschlecht) und was nicht (z.B. jemand Anderen zu töten). Gewiss gibt es auch Gesetze welche uns auf indirekte Art Verhaltensweisen aufzeigen, beispielsweise in Form von Arbeitsverhältnissen. Wird Menschen in Arbeit eine bestimmte Würdigung zu Teil (getreu nach dem Motto: man habe etwas geleistet), findet dieser Prozess, wenn auch gegenteilig im Falle der Arbeitslosigkeit statt. Hier wird den Betroffenen oftmals ein mangelndes Engagement vorgehalten, sich tatsächlich um

---

[173] Ebd., S. 17.

eine ‚Stelle' bemühen zu wollen.[174] Auf diese Art und Weise werden über soziale Normen und Regeln (die Arbeit, sprich die Leistung berechtigt zum Bezug staatlicher Ansprüche, wie die Rente oder Krankengeld) bestimmte Verhaltensweisen erzeugt. Das dieses Schema auch seine Kehrseiten hat, ist selbstredend. Aber zurück zur staatlichen Gewalt. Hier hat sich der Soziologe Max Weber eindeutig wider der These eines ‚gewaltfreien Staates' ausgesprochen: *„Der Staat ist diejenige menschliche Gemeinschaft, welche innerhalb eines bestimmten Gebietes [...] das Monopol legitimer physischer Gewaltsamkeit für sich beansprucht."*[175] Hier wird nochmals offensichtlich, dass es so etwas wie einen gewaltfreien Staat (auch in westlichen Demokratien) <u>nicht</u> gibt. Vielmehr ist es so, dass die Bürger ihr ‚Recht auf Gewaltanwendung' mit dem Akzeptieren gesellschaftlich-sozialer Regeln, dem Staat und dessen Institutionen (Polizei, Gerichte etc.) übertragen. Darüber hinaus ist Gewalt auch in der internationalen Politik sowie bei Konflikten zwischen Staaten ein wesentliches Mittel um zwischen diesen zu ‚vermitteln' (Druck zur Einigung) oder eine innerstaatliche

---

[174] Vgl. Baron, Christian, Britta Steinwachs (2012): Faul, Frech, Dreist. Die Diskriminierung von Erwerbslosen durch Bild-Leser*innen, in: Reihe: Kritische Wissenschaften – Klassismus, Band 1, S. 31-33.

[175] Max Weber zitiert nach Beck, Theresa Koloma (2017): (Staats-)Gewalt und moderne Gesellschaft. Der Mythos vom Verschwinden der Gewalt, APuZ 67 (4), S. 18.

Gesellschaft zu disziplinieren, das heißt, quasi zu erziehen.[176] Das reicht von staatlichen Institutionen wie der Schule oder dem Militär, bis hin zur Familie (welche Werte wie vermittelt werden).

Zusammenfassend lassen sich die folgenden Punkte für die Kritik an der marxistisch-leninistischen Theorie aufzeigen:

- Marx hat den Klassenbegriff nicht selbst definiert, d.h., was eine ‚Klasse' letztlich ausmacht, kann sowohl auf wirtschaftlichen als auch auf sozialen Kriterien beruhen

- es besteht ein Konflikt zwischen dem Willen einer ‚Klasse' (der Arbeiter*innen) sowie dessen Geltung für die Gesellschaft als Ganzes

- der Führungsanspruch revolutionärer Parteien (KPD etc.) und deren Ablehnung von ‚inneren Reformen' (Gewerkschaften) macht sie blind für die lebenswirklichen Probleme einer Vielzahl von Menschen unserer Gesellschaft

- die Anwendung von Gewalt wird als ‚geschichtlich unausweichlich' betrachtet, ist zugleich aber ein Grund für das Nischendasein dieser Parteien (‚Terror-Paradox')

---

[176] Ebd., S. 19.

5. Perspektiven revolutionärer Politik:

Natürlich ist eine Kritik an sich wenig hilfreich, wenn sie nicht in der Lage ist über ihre Einschätzung hinaus Perspektiven zu entwickeln. Nachfolgend sollen nun einige Perspektiven für revolutionäre Politik in der heutigen Gesellschaftsform der Bundesrepublik Deutschland aufgezeigt werden.

Es versteht sich, dass eine ,vollkommene' Bearbeitung aller politischen Themen, wie auch die allumfängliche Betrachtung aller politischen Akteure nicht möglich ist – dies ist auch nicht das Ziel des Buches. Das Ziel besteht vielmehr darin, Perspektiven innerhalb des parlamentarisch-demokratischen Systems zu öffnen und darüber zu diskutieren. Das in vielerlei Hinsicht dieses ,politische System' Fehler, Versäumnisse und fragwürdige Entwicklungen aufweist, sollte uns nicht daran hindern diese auch zu benennen!

Ein Zitat, das den Blick auf die gesellschaftliche Situation treffend beschreibt, findet sich bei Andreas Reckwitz: *„Die Krise der Anerkennung ergibt sich aus der Transformation von der industriellen Massenökonomie zur postindustriellen Ökonomie der Singularitäten."* [177] Um das Zitat besser

---

[177] Reckwitz, Andreas (2017): Die Gesellschaft der Singularitäten, S. 432.

verstehen zu können, möchte ich im Folgenden die wesentlichen Aussagen von Reckwitz wiedergeben, denn ich glaube seine Analyse zur heutigen Gesellschaftsstruktur ist durchaus zutreffend. Zunächst stellt Reckwitz fest, dass sich die deutsche Gesellschaft von den ‚allgemeinen Standards' (Konsumgüter, Wohnungsbau, Ausbildung) zu einer solchen gewandelt hat, in der ‚das Besondere' nun im Fokus aller Anstrengungen steht (einzigartige Fähigkeiten, Persönlichkeitsmerkmale, unvergleichliche Produkte,...).[178] Folglich besteht ein Wechsel von standardisierten Werten (gleiche Wohnungen, Produkte, erstrebenswerte Fähigkeiten), hin zu besonderen Merkmalen. Dabei verlieren die vorherigen Berufe, Tätigkeiten oder Konsumgüter ihren ‚Reiz', da sich diese auf eine routinemäßige Kundschaft, Fertigkeiten oder Abläufe eingeschossen haben und im ‚Kampf um Anerkennung' schlicht nicht einzigartig erscheinen.[179]

Aber es ist keinesfalls so, als ob die heutige bundesdeutsche Gesellschaft keine ‚Klassen' mehr kennt. Vielmehr zeigt sich, dass sich diese enorm von denen des 19. Jahrhunderts unterscheiden. Vereinfacht könnte man sagen, dass anstelle von ‚Kapitalisten' und ‚Proletariern', die Gesellschaft nun aus einer ‚neuen Mittelklasse' und

---

[178] Ebd.
[179] Ebd., S. 278.

einer ‚Unterklasse' besteht. Währung erstere hohe Bildungsabschlüsse hat (meist sogar an Universitäten), stehen letztere aufgrund keiner oder geringer Qualifikationen kaum Perspektiven zur Verfügung.[180] Dazu gesellt sich eine neue ‚geringqualifizierte Dienstleistungsklasse', eine uneinheitliche Gruppe, die unter anderem aus ‚einfachen Dienstleistungs-' und geringqualifizierten Industrieberufen, prekär Beschäftigten, Arbeitslosen sowie Sozialhilfeempfängern besteht. Auffällig ist hierbei, das insbesondere Berufe und Menschen von dieser Entwicklung betroffen sind, die zuvor routinierten Tätigkeiten nachgegangen sind (beispielsweise in einem Call-Center oder an einem Fließband). Diesen Punkt sollten wir uns merken, wenn wir auf potenzielle Gruppen wie Personen im revolutionären Prozess blicken, denn es sind keinesfalls Wenige, die im ‚war of talents'[181] das Nachsehen haben und in eine Abwärtsspirale hineingeraten.

Der eingangs beschriebene Wandel findet aber nicht nur im sozialen und politischen, sondern auch im kulturellen Bereich statt. Hierbei werden einzigartige, nicht auszutauschende Individuen gesucht, die mittels ihrer Person oder ihres Konzepts als Gewinner dieser

---

[180] Ebd., S. 278f.
[181] Der ‚**war of talents**' beschreibt eine Verschärfung der Gegensätze in den Lebensverhältnissen zwischen den Menschen, der vor allem in Bereich der Bildung und Kultur sichtbar wird.

Entwicklung bezeichnet werden können. Dem gegenüber stehen jedoch, wie zuvor bereits anhand einiger Berufszweige gezeigt Menschen wie Produkte, die in diesem Wettbewerb ins Hintertreffen geraten, da sie nicht entsprechend ‚valorisiert'[182] werden. Damit einher gehen neben wirtschaftlichen Einbußen (das Produkt nicht mehr in der Art und Weise gekauft bzw. die Person deren Fähigkeiten als ‚austauschbar' gelten möglicherweise durch Andere mit einem ‚spezielleren Profil' ersetzt wird) auch soziale Ängste vor einem möglichen Abstieg.[183] Da die Zu- bzw. Abschreibung von Attraktivität und somit letztlich der beigemessene Wert nicht berechenbar ist, findet ein quasi ununterbrochener Wettkampf der Teilnehmer untereinander statt.[184] Dennoch gibt es kein ‚Patentrezept', die einer Person den Zuspruch des Publikums garantieren kann. Immer wieder neu müssen sich Personen wie Güter (einschließlich social medias, Youtubestars oder auch Theaterstücke) diesem Prozess hingeben und die potenziellen ‚Fans' von der eigenen ‚einzigartigen' Daseinsweise überzeugen. Nun könnte man denken, dieses Phänomen spielt sich nur in wirtschaftlichen

---

[182] **Valorisieren** heißt die Zuschreibung eines Wertes an Attraktivität, welcher einer Person oder einem Produkt durch die Bewertung seiner Umwelt erhält; im Gegenzug kann ein solches Gut oder eine solche Person diesen Wert auch wieder verlieren, wenn es nicht mehr als ‚außergewöhnlich' angesehen wird.

[183] Ebd., S. 344f.

[184] Ebd.

Bereichen, wie der Arbeit oder dem Verkauf von Waren und Dienstleistungen ab – doch weit gefehlt! Selbst ein fundamentaler Bereich des Lebens wie das Bildungssystem mutiert in diesem Zusammenhang zu einem schlichten Gut „auf dem Markt der Attraktivität."[185] Wie sonst wäre es zu erklären, dass Schulen um den ‚besten Ruf' wetteifern, versuchen mit einem möglichst besonderen außerschulischen Programm die Eltern und somit potenzielle Schüler für sich zu gewinnen?

Aus diesem Wettbewerb ergibt sich aber ein Spannungsverhältnis zwischen den positiven Aspekten dieser gesellschaftlichen Entwicklung (man denke an die Chancen zur persönlichen Selbstentfaltung sowie -verwirklichung) und den Schattenseiten des omnipräsenten Wettringens (beispielsweise in Form von Druck vor dem potentiellen Scheitern, sozialen und psychischen Stress bis hin zu Menschen, die an solch einem Prozess zerbrechen). Es verwundert nicht, dass sich daraus unterschiedliche Zielvorstellungen der Gesellschaftsmitglieder ergeben. Während die einen versuchen ‚irgendwie durchzukommen', sich mit Disziplin und Distanz diesem ‚Bewertungsprozess' versuchen zu entziehen (hier spielt der Leistungsgedanke nach wie vor eine wichtige Rolle), sehen die Anderen in

---

[185] Ebd., S. 347.

diesem Prozess eine Chance sich selbst und ihre Talente zu entwickeln respektive zu verwirklichen.[186]

Wie soll man mit diesem Vorgang des Attraktivitätsmarktes umgehen? Eine Idee wäre die in den vergangenen Jahren zurückgestellte ‚Logik des Allgemeinen' wiederzubeleben, das heißt, wieder verstärkt Bereiche zu schaffen die sich diesem Wettbewerb bewusst entziehen, beispielsweise durch eine stärkere Angleichung der schulischen Standards: gleiche Bildungschancen für alle! Dies gilt selbstredend nicht nur für den Bereich der schulischen Bildung. Ein weiterer Ansatz wäre die bewusste Kontaktsuche auch außerhalb des eigenen ‚Dunstkreises.' In dem man sich eben nicht ausschließlich in einem Milieu aufhält (z.B. nur Kontakt mit Akademikern pflegt), sondern auch andere Menschen aus anderen sozialen wie beruflichen Schichten in sein Umfeld integriert. Damit soll keinesfalls eine Art ‚Freundesquote' gemeint sein, sondern vielmehr die Bereitschaft seinen eigenen Blick auch für Andere zu weiten. Dies kann meiner Meinung für beide Seiten nur von Vorteil sein, denn wer Werte wie Freundschaft oder eine Beziehung nur auf den beruflichen

---

[186] Ebd., S. 351.

Abschluss reduziert, läuft Gefahr sich in einem ‚elitären Bewusstsein'[187] zu verlaufen.

Aber auch mit Blick auf die Sozialpolitik wäre eine solche Strategie durchaus überlegenswert. Denn, ohne der Analyse vorwegzugreifen, ein Fehler der politischen Entscheidungsträger war es den sozialen Bereich (Pflege, Krankenhäuser, Kitas etc.) für ‚den Markt' zu öffnen, ihn also aus dem Handlungsrahmen des Staates zu verschieben und stattdessen für private Investoren freizugeben. Die damit einhergehende Marktorientierung (maximalen Gewinn mit möglichst geringen Personal- und Materialkosten) stößt, wie sich später zeigen wird, immer stärker an seine Grenzen und ist nicht in der Lage, ein sozial-gerechtes Umfeld in diesen Feldern zu schaffen!

Zuletzt sei noch auf einen Autor verwiesen, der die Unterschiede in der gesellschaftlichen wie sozialen Teilhabe sehr treffend umschrieben hat – Gabor Steingart.

„Der heutige [Proletarier, N.P.] ist ärmer dran als sein Vorgänger zu Beginn des Industriezeitalters, obwohl es ihm besser geht. [...] Der [Proletarier, N.P.] von einst besaß vieles, was die Armen von heute nicht mehr haben; ein einheitliches und für alle gültiges Feindbild, ein Klassenbewusstsein, einen überzeugenden Gegner und oft

---

sogar eine ausgeprägte Kultur. [...] Der Arme von gestern war das Subjekt der Geschichte, wie man im Rückblick ohne Übertreibung feststellen darf. Der moderne Arme im vereinten Europa ist bisher nicht viel mehr als das Opfer der Verhältnisse. Sein Vorgänger stand am Rand der Gesellschaft, er [der heutige Arme, N.P.] steht außerhalb."[188]

Im folgenden Abschnitt werden nun einige Bereiche der Sozialpolitik betrachtet, die sich aus meiner Sicht am Rande des Vertretbaren bewegen und daher als mögliche Perspektiven für revolutionäre Alternativen anzusehen sind. Zunächst widme ich mich der Arbeitslosigkeit in Deutschland. Es schließen sich weitere soziale Brennpunkte in Form der Wohnungslosigkeit und damit verbunden die Entwicklung der Mietpreise, die Situation im Pflegebereich und zuletzt die Lohnentwicklung an. Gewiss gibt es weit aus mehr Themen, die sich für eine revolutionäre Neuausrichtung eignen würden. Da dieses Buch allerdings nur eine begrenzte Kapazität hat und ich die oben genannten Themen für die ‚relevantesten' unserer Zeit im Sozialbereich halte, ist es nur logisch, dass nicht alle Probleme aufgenommen und vollständig geklärt werden können.

---

[188] Steingart, Gabor zitiert nach Reybrouck, David van (2017): Für einen anderen Populismus. Ein Plädoyer, S. 66f.

Dennoch sollen nunmehr die zentralen gesellschaftlichen Annahmen dieses Unterpunktes nochmals zusammengefasst werden:

- es vollzieht sich ein Wandel vom ‚Allgemeinen' (Wohnungsbau, Güter, Qualifikationen), hin zum ‚Besonderen' bzw. Unverwechselbarem

- dieser Vorgang beschränkt sich nicht auf den wirtschaftlichen Bereich, sondern nimmt zunehmend auch Einfluss auf soziale Sektoren (Bildung, Arbeitsmarkt, Kultur)

- folglich können verallgemeinernd zwei Klassen ausgemacht werden, die unsere heutige Gesellschaft kennzeichnen – die ‚neue Mittel- sowie die neue Unterklasse'

- es besteht darüber hinaus die dringende Notwendigkeit einen ‚allgemeinen Standard' wiederherzustellen (sozialer Wohnungsbau, Mindestlohn, schulische Chancengleichheit etc.)

5.1 Soziale Brennpunkte in der Bundesrepublik:

1. Die verschleierte Arbeitslosigkeit und die ‚Lüge' der Vollbeschäftigung:

Seit Jahren betonen die Bundesregierung und die Agentur für Arbeit eine stetig sinkende Zahl an Erwerbslosen. Die gute wirtschaftliche Lage, sowie der immer noch hohe Bedarf an Arbeitskräften scheinen zunehmend das Thema ‚Arbeitslosigkeit' aus dem politischen Debatten zu tilgen. Fast scheint es nur noch eine Frage der Zeit, bis alle Menschen in Deutschland einer Beschäftigung nachgehen. Doch ist das wirklich so, oder werden nicht mittels der ‚statistischen Tricks' viele Menschen die als arbeitslos gelten, aus den offiziellen Zahlen entfernt?

Wirft man einen Blick auf die ‚Ausnahmen', d.h. diejenigen die nicht als arbeitslos zählen obwohl sie dies eigentlich müssten, so fallen in der Summe über eine Millionen Menschen aus der offiziellen Statistik der Bundesagentur heraus![189] Das betrifft beispielsweise Menschen, die sich in einer Maßnahme befinden. Hinzu kommen noch vorübergehend Erkrankte, Menschen in 1€-Jobs oder Betroffene, die zur Zeit ein Praktika oder einen Sprachkurs absolvieren.[190] Auch Menschen im Alter über 58 Jahren, welche das sogenannte ‚Hartz-IV' beziehen, werden nicht mit in die Statistik übernommen. Insgesamt sind also weit mehr Menschen in Deutschland arbeitslos als offiziell bekundet. Die Richtlinien des Gesetzgebers für das Erfassen der Arbeitslosenzahlen sind überdies vom

---

[189] Vgl. Diekmann, Florian (2017): Statistiktricks. So wird die Arbeitslosigkeit schöngerechnet, http://www.spiegel.de/wirtschaft/soziales/arbeitslosenstatistik-so-hoch-ist-die-verdeckte-arbeitslosigkeit-a-1133354.html, abgerufen am 2.9.2018.
[190] Ebd.

Gesetzgeber mehrfach geändert worden und das gewiss nicht zum Nachteil der verantwortlichen Politiker![191]

Interessant ist auch, dass Menschen ohne Ausbildung und mit dem Status ‚nicht vermittelbar', ebenfalls nicht in der Arbeitslosenstatistik auftauchen. Bleibt die Frage, was solche Zahlen angesichts dieser ‚Schönrechnerei' überhaupt noch wert sind? Denn unabhängig davon, wie glaubhaft die offiziellen Zahlen sind, sagen diese doch nichts über die ‚Art der Arbeit' aus, denen die Betroffenen nachgehen. Es ist mehr als nur fragwürdig, ob die Menschen in Arbeitsverhältnisse gelangen von denen sie ‚leben können', d.h., nicht nur finanziell über die Runden zu kommen, sondern ebenfalls ein Mindestmaß an sozialer wie kultureller Teilhabe am ‚öffentlichen Leben' ermöglicht! Wahrscheinlicher ist eher, dass Betroffene von einer prekären Beschäftigung in die Nächste geraten und somit weder heute noch später im Rentenalter ihr Dasein in irgendeiner Form gestalten können. Aber wenigstens sind diese nicht mehr als ‚arbeitslos' in der Statistik der Bundesagentur geführt und folglich für die Öffentlichkeit nicht sichtbar! Führt man sich vor Augen, dass allein 2016 in Deutschland 6,91 Millionen Menschen auf

---

[191] Vgl. Rose, David (2018): Monatliche Arbeitslosenzahlen. Was die offizielle Statistik verbirgt, https://www.tagesschau.de/wirtschaft/hg-arbeitslosenzahlen-101.html, abgerufen am 2.9.2018.

Arbeitslosengeld oder Hartz-IV-Leistungen angewiesen waren, so müsste diese Zahl allein schon schockieren, schließlich leben wir in einem der ‚reichsten Länder des Planeten.'[192] Und diese Zahl wird in naher Zukunft nicht kleiner, im Gegenteil: viele Menschen, die selbst 40 Jahre oder länger im Berufsleben standen und nun voller Angst auf ihre kommende Rente blicken (da diese vorn und hinten nicht ausreichend ist), fragen sich zu Recht, weshalb sie diese jahrelange Tortur auf sich genommen haben!

Auch die Praxis der Bundesagentur für Arbeit wirft Fragen auf. Hierbei berufe ich mich auf Schilderungen von Inge Hannemann, die lange Zeit Teil dieser Agentur war und nun den Umgang mit den ‚Kunden' bzw. Betroffenen anprangert. Zum einen kritisiert Hannemann die starre Quotenerfüllung, welche im Jobcenter angewandt wird. Zum anderen offenbart ihr Fall Abgründe innerhalb der Behörde im Umgang mit den eigenen Mitarbeitern.[193] Ist der eigentliche Auftrag, so möchte man zumindest meinen, die langfristige Reintegration der Betroffenen in den Arbeitsmarkt, so verwundert es doch wenn eine solche Behörde nach Quoten arbeitet, die sie zu erfüllen hat.[194]

---

[192] Vgl. o.A. (2016): Angeblich nur 2,6 Millionen ohne Job. So viele Arbeitslose gibt es wirklich in Deutschland, https://www.focus.de/finanzen/angeblich-nur-2-6-millionen-ohne-job-so-viele-arbeitslose-gibt-es-wirklich-in-deutschland_id_5587877.html, abgerufen am 2.9.2018.

[193] Vgl. Hannemann, Inge & Beate Rygiert (2015): Die Hartz IV Diktatur. Eine Arbeitsvermittlerin klagt an, S. 204f.

[194] Ebd., S. 32f.

Der Mensch sowie dessen individuelles Schicksal rücken somit systematisch in den Hintergrund und es spielt hierbei keine Rolle ob die Maßnahme für die/den Betroffene*n auch tatsächlich einen Nutzen mit sich bringt oder ob es sich schlicht um eine Weisung handelt, um die betreffende Person aus der Statistik zu entfernen.

Nicht weniger schockiert Hannemanns persönliches Schicksal – das einer Sachbearbeiterin, die nicht mehr unternimmt als das, wozu die Bundesagentur eigentlich geschaffen wurde, nämlich die langfristige sowie für den Betroffenen zielführende Suche nach beruflichen Perspektiven! Doch anstelle die ‚Umstände' der Menschen in eventuelle Maßnahmen mit einzubeziehen (familiäres Umfeld, Fähigkeiten, Wünsche usw.) wird einzig darauf geachtet die jeweiligen ‚Quoten' auch zum Stichtag erfüllen zu können.

Hannemann sieht sich letztlich, auch aufgrund ihrer offenen Kritik an der ‚Praxis' in den Jobcentern mit massivem Druck und Schikanen durch ihre Vorgesetzten konfrontiert, welche sie letztlich den Beruf einer Arbeitsvermittlerin quittieren[195] lassen. Erneut stelle ich die Frage, welche ich bereits zuvor in den Raum gestellt habe: Mit was für einer Behörde bzw. einem System haben wir es hier zutun, indem Menschen

---

[195] **quittieren**: bezeichnet etwas aufzugeben oder niederzulegen (hier: ein Beruf)

eigentlich neue Perspektiven erhalten sollen, stattdessen aber entweder völlig unpassende Maßnahmen erhalten oder bei dem Gedanken zu widersprechen mit sofortigen Sanktionen zu rechnen haben?! Mit was für eine Behörde haben wir es zu tun in der Mitarbeiter, denen an einer langfristigen, erfolgreichen Vermittlung ihrer Klienten gelegen ist, mit Druck und unrechtmäßigen Gegenmaßnahmen letztlich zum aufgeben gezwungen werden, nur weil sie sich tatsächlich um die Menschen kümmern?!

Es möge sich ein Jeder diese Fragen stellen und ob eine solche Behörde auch nur in irgendeiner Form ‚legitim' sein kann – ich habe daran jedenfalls erhebliche Zweifel.

2. Wohnungslosigkeit und die Entwicklung der Mieten:

Schaut man sich die Zahlen zur Wohnungslosigkeit in Deutschland an, so offenbart sich ein weiterer ‚dunkler Fleck' auf der weißen Fassade der bundesdeutschen Demokratie. Allein 2018 waren 860.000 Menschen ohne Wohnung, 52.000 davon leben gar auf der Straße, was einer Zunahme von 33% zu 2014 entspricht.[196] Und die Bundesarbeitsgemeinschaft Wohnungslosenhilfe rechnet

---

[196] Vgl. Stalinski, Sandra (2018): Wohnungslosigkeit in Deutschland. Zu wenig Wohnungen, zu wenig Hilfe, https://www.tagesschau.de/inland/wohnungslose-105.html, abgerufen am 2.9.2018.

damit, dass die Zahlen weiter steigen – der Grund: die steigenden Mietkosten!

Zieht man zum Vergleich die Zahlen seit 2010 heran, dann zeigt sich ein noch dramatischeres Bild. Im Jahre 2010 waren in Deutschland 248.000 Menschen wohnungslos, deren Zahl sich im Jahr 2018 bereits auf 520.000 Menschen erhöht hat und hierbei sind Asylsuchende, die aufgrund ihres abgelehnten Bescheids ‚abtauchen' nicht mit einbezogen![197] Wenn keine Maßnahmen seitens der Politik erfolgen so ist davon auszugehen, dass diese Zahl auf über 1,2 Mio. Menschen ansteigt. Sicherlich ist eine 100%ig präzise Angabe der Wohnungslosen nicht möglich, da einerseits nicht alle als ‚obdachlos' gemeldet sind und andererseits keine statistische Erfassung durch die Bundesbehörden vollzogen wird.

Was sind aber die Gründe für die zunehmende Wohnungslosigkeit und wer legt fest ab wann ein Mensch wohnungslos ist? Zunächst ist festzustellen, dass es keine ‚offizielle Definition' für Wohnungslosigkeit gibt.[198] Als mögliche Anhaltspunkte können aber die Ausgrenzung von mindestens zwei von drei Grundelementen eines normalen

---

[197] Vgl. Schwandt, Friedrich & Tim Kröger (2018): Schätzung zur Anzahl der Wohnungslosen in Deutschland von 1995 bis 2016 und Prognose bis zum Jahr 2018 (in 1.000), https://de.statista.com/statistik/daten/studie/36350/umfrage/anzahl-der-wohnungslosen-in-deutschland-seit-1995/, abgerufen am 2.9.2018.

[198] Vgl. Geertsema, - Geertsema, Volker-Busch (2018): Wohnungslosigkeit in Deutschland aus europäischer Perspektive, in: APuZ 68 (25-26), S. 15.

Zuhauses angesehen werden, das heißt, *physisch* (es gibt keine abgeschlossene Wohneinheit), *sozial* (keine Privatsphäre zur Pflege sozialer Beziehungen wie Partnerschaften etc.) und *rechtlich* (ich bin nicht ‚Eigentümer' einer Wohnung als Mieter oder Vermieter).[199] Auch das Grundgesetz (folgend: GG) kennt indes keine einklagbaren sozialen Rechte, wie das Recht auf bezahlbaren Wohnraum oder ähnliches. Anders das Sozialrecht sowie das Antidiskriminierungsrecht. Hierbei finden sich Kriterien, die u.a. genügend Wohnraum, die dazu notwendigen wirtschaftlichen wie organisatorischen Voraussetzungen (Anbindung an den Nahverkehr, Arbeitsplätze, usw.) und den rechtlichen sowie faktischen Schutz vor staatlichen und privaten Eingriffen in den Wohnungsmarkt (beispielsweise vor Spekulationen) sichern sollen.[200] Diese Vereinbarungen, die sich im UN-Sozialpakt finden lassen und darüber hinaus völkerrechtlich bindend sein sollten, hat auch die Bundesrepublik Deutschland unterzeichnet. Allerdings hat bis dato keine Bundesregierung eine eventuelle, vereinzelte Klage zu diesem Sozialpakt zugelassen![201] Allein dies kann schon als eine Bankrotterklärung gelten, da man den Pakt ja

---

[199] Ebd., S. 17.

[200] Vgl. Krennerich, Michael (2018): Ein Recht auf (menschenwürdiges) Wohnen?, APuZ 68 (25-26), S. 9.

[201] Ebd., S. 10.

mitträgt und somit auch seine Ziele – für dessen Umsetzung bzw. Einhaltung scheinen sich führende Politiker aber nach wie vor ‚nicht zuständig' zu fühlen. Dabei verdrängen die Beteiligten jedoch, dass der Staat nicht nur das Recht, sondern die Pflicht hat Menschen nicht an der Ausübung ihres Rechtes (auf Wohnraum) durch Gerichtsverfahren zu hindern, sondern dieses im Gegenteil zu schützen (das beinhaltet auch den Schutz vor Spekulationen mit Land und Wohnraum)! [202] Besorgniserregend ist weiterhin, dass ca. die Hälfte aller in Deutschland als arm eingestuften Haushalte (Einzelperson mit weniger als 781€/Monat; Paar mit weniger als 1.171€/pro Monat – diese Zahlen beziehen sich auf das Nettoeinkommen[203]) mehr als 40% ihres Einkommens allein für die Mietkosten aufwenden müssen.[204] Damit ist klar, dass vor allem Geringverdiener unverhältnismäßig stark von steigenden Mieten betroffen sind. Das bestätigt sich auch beim Blick auf die Immobilienpreise, die sich immer weiter von der ‚Kaufkraft'[205] des Einzelnen entfernen. Dies setzt letztlich eine Spirale in Gang, welche die Mietsteigerungen zu latenten Armutsrisiken werden

---

[202] Ebd.

[203] **Nettoeinkommen**: Einkommen nach Abzug aller Steuern, Versicherungsbeiträge (Krankenversicherung, Rentenversicherung usw.)

[204] Ebd., S. 12.

[205] **Kaufkraft** ist das verbleibende Einkommen nach Abzug aller ‚regelmäßigen Zahlungsverpflichtungen', wie Mieten, Kredite und dergleichen.

lassen![206] Ca. 1,3 Millionen Haushalte in Deutschland haben deshalb weniger als den Hartz-IV-Regelsatz zur Verfügung, eine Zahl die einem erschaudern lassen sollte, denn sie offenbart nicht weniger als das Versagen bisheriger politischer Bemühungen auf dem Wohnungsmarkt (Stichwort: Mietpreisbremse). [207] Besonders die Städte Köln, Bonn, Neuss und Düsseldorf sind von dieser Entwicklung betroffen. Hier liegt der Anteil der ‚Mietbelastung' am Einkommen bei 29-30,3%. Weiterhin lässt sich erkennen, dass die Mieten mit durchschnittlich 4,5% je Quadratmeter (im Vergleich zu 2016) angestiegen, der Verbraucherpreisindex (VPI)[208] im gleichen Zeitraum jedoch nur um 1,8% zunahm.[209] Was folgt aus diesen Zahlen? Es zeigt sich, dass die Preise für Mieten wesentlich höher ausfielen als für andere Waren und Dienstleistungen. Ein staatlicher Eingriff erscheint also mehr als nur geboten. Denn andernfalls können sich viele Menschen das Wohnen ‚in der City' bald schlicht nicht mehr leisten. Es droht eine ‚Amerikanisierung' des Wohnungsmarktes, das heißt, das die Zentren begehrter

---

[206] Vgl. o.A. (2017): Mietpreise. Hohe Mieten bringen Menschen in Deutschland an Armutsgrenze, https://www.zeit.de/wirtschaft/2017-09/mietpreise-grossstaedte-kosten-studie, abgerufen am 4.9.2018.
[207] Ebd.
[208] Der **Verbraucherpreisindex** gibt an, wie stark sich die Preise für gekaufte Waren und Dienstleistungen im privaten Bereich verändert haben.
[209] Vgl. o.A. (2018): Inflation. Reallöhne in Deutschland steigen kaum, https://www.zeit.de/wirtschaft/2018-03/inflation-realloehne-geringer-anstieg-teuerungsrate-statistisches-bundesamt, abgerufen am 4.9.2018.

Städte nur noch ein Umschlagplatz für Unternehmen und Menschen mit ausreichend ‚Kapital' darstellen, sich andererseits die finanziell Schwächeren in Wohnungen außerhalb der Zentren gedrängt sehen werden. Ein Szenario das gesellschaftlichen wie politischen Sprengstoff birgt und auch den innergesellschaftlichen Zusammenhalt massiv gefährden könnte.

Doch auch andere Faktoren können dazu beitragen, dass Menschen nicht die Wohnung erhalten, die sie eigentlich bräuchten. Zuvorderst wären hier Schulden zu nennen. Diese können in Form von Schufa-Einträgen oder anderen Vermerken eine Wohnungssuche negativ beeinflussen. Darüber hinaus spielt auch, wie bereits genannt, das Einkommen, mögliche öffentlich bezogene ‚Transferleistungen' (Hartz-IV, BaföG etc.) oder auch der Familienstand eine Rolle. [210] Nicht selten sind alleinerziehende Mütter bei der Wohnungssuche mit Problemen konfrontiert, da man ihnen eine mangelnde ‚finanzielle Basis' attestiert. Ebenso stellen die Herkunft eines potenziellen Interessenten, der Name, dessen Aufenthaltsstatus sowie mögliche Sprachprobleme weitere Hindernisse für eine Wohnung dar. Wir haben es also mit einer Sammelgrube von Vorurteilen zu tun, die letztlich den

---

[210] Vgl. Krennerich, Michael (2018): Ein Recht auf (menschenwürdiges) Wohnen?, APuZ 68 (25-26), S. 13.

Ausschlag über den Erhalt oder Nichterhalt einer Wohnung gibt. Sicherlich muss man auch hier zwischen ,berechtigten Sorgen' eines Vermieters (kann der künftige Miete mit den mir bekannten Schulden die Miete pünktlich zahlen?) und haltlosen Stereotypen [211] unterscheiden. Das rechtfertigt aber in keiner Weise eine Wohnungsverweigerung aufgrund des Familienstandes oder der Herkunft!

Kommen wir zur Frage, warum Wohnungslosigkeit in Deutschland ein solch großes Problem ist? Ein ganz wesentlicher Grund hierfür liegt in der Haushaltspolitik der Kommunen. Diese haben nämlich kommunale Wohneinheiten zunehmend veräußert, um die dortigen Haushalte sanieren zu können. [212] Damit einher geht zweierlei: erstens der Rückgang staatlicher Akteure aus dem Wohnungsbau und zweitens das verstärkte Engagement privater Investoren in diesem Bereich. Das hat, wie nicht erst seit den explodierenden Mietpreisen in Großstädten ersichtlich zur Folge, dass die ,Funktion der Preise' eine gänzlich andere geworden ist (quasi das ,Geschäftsmodell-Wohnen' geboren wurde). Mit dem Verkauf regionaler Wohneinheiten ging auch die Bereitschaft zurück Sozialwohnungen zu bauen, die sich

---

[211] **Stereotyp** ist eine Beschreibung von Personen oder Gruppen, die einem gewissen Klischee entspricht und somit verallgemeinert wird.

[212] Vgl. Geertsema, Volker-Busch (2018): Wohnungslosigkeit in Deutschland aus europäischer Perspektive, in: APuZ 68 (25-26), S. 17.

gerade an Menschen mit geringem Einkommen richten.[213] Erst innerhalb des letzten Jahres wurden durch die Bundesländer wieder verstärkt Sozialwohnungen errichtet, die sich dem ‚Primat des Gewinns'[214] ein Stück weit zu entziehen versuchen. Gleichfalls darf nicht unterschlagen werden, dass Mietschulden nach wie vor der Hauptgrund für Wohnungslosigkeit darstellt. Hier bedarf es meiner Meinung nach eines stärkeren gesellschaftlichen Wandels, um die vorherrschende Meinung, dass Mietschulden mit Mietprellern gleichgesetzt werden zu begradigen. Gewiss ist nicht auszuschließen, dass einige Menschen tatsächlich Betrug mit der Mietzahlung begehen, aber sich an diesen zu orientieren in dem man die finanzielle Last bei diesen Menschen durch eine psychische Komponente erweitert (‚als Verbrecher gebrandmarkt zu werden'), ist in meinen Augen nicht hilfreich.

Wie könnte man nun dem Problem der Wohnungslosigkeit Herr werden? Ein vielversprechender Gedanke ist der sogenannte ‚Housing-first-Ansatz'. Dieser sieht vor, dass Wohnungslose möglichst zeitnah und dauerhaft wieder in normale Wohnverhältnisse gelangen. [215] Dabei ist das

---

[213] Ebd., S. 18.
[214] Der **‚Primat des Gewinns'** meint hier den Kerngedanken, etwa bei der Sanierung von Wohnungen, die Mieten soweit zu steigern, dass ausschließlich Besserverdienende die Mieten bezahlen können (was steigende Mieteinnahmen verspricht)
[215] Ebd., S. 20.

‚Wohnrecht' ein gleichberechtigtes Grundrecht und folglich einklagbar. Praktiziert wird dieser Ansatz bislang in Finnland, Schottland und Dänemark – und das mit Erfolg. Eine Studie kam zu dem Ergebnis, dass sowohl die Kriminalität als auch der Alkoholkonsum der Teilnehmer signifikant abnahmen und sich die gesundheitliche Verfassung der Teilnehmenden besserte.[216] Des Weiteren konnten durch die verringerte Kriminalitätsrate Kosten, etwa bei Rettungseinsätzen oder Inhaftierungen gespart werden, was wiederum den kommunalen bzw. landespolitischen Trägern zugute kommen dürfte.[217] Letztlich könnte dieses ‚Recht auf Wohnen' auf bereits bestehende internationale Vereinbarungen zurückgreifen, so zum Beispiel auf die Allgemeine Erklärung der Menschenrechte von 1948 sowie den internationalen Pakt über wirtschaftliche, soziale und kulturelle Rechte aus dem Jahre 1966.

Wohnungslosigkeit sollte nicht aus der öffentlichen Debatte verdrängt werden, denn es ist ein Irrglaube zu denken dies betreffe nur Einzelne. Vielmehr ist es eine gesamtgesellschaftliche Aufgabe, die sich nicht zuletzt danach entscheidet, wie die Mehrzahl ihrer Mitglieder damit

---

[216] Vgl. Perlman, Jennifer & John Parvensky (2006): Denver Housing First Collaborative. Cost Benefit Analysis and Program Outcomes Report, https://shnny.org/uploads/Supportive_Housing_in_Denver.pdf, abgerufen am 20.11.2018, S. 5-8.

[217] Vgl. Bermpohl, Felix et al. (2017): Prävalenzen psychischer Erkrankungen bei wohnungslosen Menschen in Deutschland, in: Deutsches Ärzteblatt 114 (2017), Nummer 40, S. 669.

umgeht – wollen wir diese Probleme ernst nehmen oder verdrängen wir diese in der trügerischen Sicherheit, dass es uns doch niemals betreffen werde? Doch wir sollten uns zuvor verdeutlichen: *„Es ist nicht mehr der deutsche Mann zwischen 35 und 50 [der von Obdachlosigkeit betroffen ist, N.P.], sondern es ist ein Spiegelbild dieser Gesellschaft.“*[218]

3. Die Situation in der Pflege und die Frage wie wir im Heute und Morgen leben wollen:

Die derzeitige Lage im Pflegebereich gleicht einer Tragödie. Nicht nur sind die Bedingungen für die Fachkräfte (fehlende Personal, das ‚Klima' unter den Kollegen, Zeitdruck und permanenter Stress) katastrophal, sondern auch die zu Pflegenden selbst leiden unter der momentanen Situation (keine Zeit für persönliche Nähe, teils menschenunwürdige Behandlung). Für beide Seiten stellt sich der jetzige Pflegealltag mehr als Martyrium[219], denn als ‚Arbeit mit und für Menschen' dar.

„Menschen, die einmal mit großem Idealismus diesen Beruf ergriffen haben, leiden sehr darunter, ihn nicht so ausüben

---

[218] Breitenbach, Elke nach: Nehls, Anja (2018): Obdachlosigkeit. Leben am unteren Rand, https://www.deutschlandfunk.de/obdachlosigkeit-leben-am-unteren-rand.724.de.html?dram:article_id=409005, abgerufen am 4.9.2018.

[219] **Martyrium**: eine Bezeichnung für empfundene wie erlebte Qualen und Leid

zu können, wie sie es gelernt haben – und den Schicksalen der Patienten nicht gerecht zu werden."[220]

Doch die Situation ist kein Resultat der letzten zehn Jahre. Vielmehr zeigt sich, dass bereits 1988(!) erste Hinweise einer sich verschärfenden Personallage aufgetreten sind.[221] Zeitübergreifend, damals wie heute wird die Problematik von führenden Politikern ‚auf die lange Bank' geschoben. Warum jetzt handeln? Ist das denn wirklich mein Problem? Ich werde eines Tages bestimmt nicht auf einem Platz im Pflegeheim angewiesen sein! – Diese z.T. recht zugespitzten Gedanken sind in meinen Augen dennoch zutreffend, denn sie beschreiben das Missverhältnis zwischen den ‚großen Worten' die anlässlich von hohen Geburtstagen oder zuvor angekündigten ‚Besichtigungen' präsentiert werden und den Ergebnissen, welche die Besuche tatsächlich nach sich ziehen. Man wolle sich ein realistisches Bild von der alltäglichen Arbeit der Pflegekräfte machen und mit ihnen und den Patienten über Probleme reden. Was jedoch zumeist folgt ist ein, zwei medienwirksame Fotos der Politiker mit der Hausleitung sowie die Betonung, dass die Beschäftigten in der Pflege

---

[220] ver.di-Sprecher Jurczyk zitiert nach: Stalinski, Sandra (2017): Pflegenotstand in Deutschland. Überlastet, ausgebrannt – und weg, https://www.tagesschau.de/inland/pflege-notstand-101.html, abgerufen am 4.9.2018

[221] Vgl. Müller, Dirk (2018): Pflege in Deutschland. „Dieser Pflegenotstand ist kein Tsunami, sondern hausgemacht", https://www.deutschlandfunk.de/pflege-in-deutschland-dieser-pflegenotstand-ist-kein.694.de.html?dram:article_id=424447, abgerufen am 4.9.2018.

eine wichtige Arbeit leisteten. Kein Wort zu den Beschäftigten über die fatale Personalsituation, kein Wort zu fehlender sozialer Nähe zwischen Patienten und Pflegern, ganz zu schweigen von konkreten politischen Verbesserungen in dem Berufsfeld! Es scheint beinahe so, als ob Niemand sich die nächste Wahl mit allzu genauen Zusagen verbauen möchte – da könnte man ja abgestraft werden, unter Umständen gar sein Mandat verlieren - Politiker haben's wirklich schwer.

Was ist aber mit solchen ‚Show-Auftritten‘[222] gewonnen? Nichts! Anstatt sich mit den Problemen und Sorgen der Pfleger und Betroffenen zu befassen (wozu der Besuch offiziell auch angedacht war), begnügt man sich lieber mit ‚Phrasendreschen‘. Die Pflegekräfte wissen indes längst, welch wichtige Aufgabe sie haben, doch ändern derlei Lippenbekenntnisse nichts an Personalnot, Zeitdruck oder an der teils menschenunwürdigen Behandlung der Betroffenen. Mir ist durchaus bewusst, dass nicht jeder Politiker gleich in der Lage ist, durch einen Besuch ein neues Pflegesystem zu schaffen. Dennoch darf man von einem Mandatsträger erwarten, dass ein echtes, ehrliches Interesse an den Problemen und Sorgen der Menschen

---

[222] **‚Show-Auftritte‘** meint hier, einen Besuch in sozialen Einrichtungen, nur um der Öffentlichkeit glauben zu machen ‚man kümmere sich‘, sich aber letztlich nichts ändert (ohne konkrete politische Zusagen).

besteht und nicht nur ein Besuch zustande kommt, wenn sich auch ausreichend Pressevertreter als ‚Zeugen' werben lassen. Darüber hinaus scheinen mir Teile der führenden Politiker, insbesondere Gesundheitsminister Spahn (CDU) nicht in der Verfassung zu sein, ihre Worte vor ihrem Auftritt bei Pressevertretern Revue[223] passieren zu lassen. Wenn ein Spitzenpolitiker den Pflegenotstand mit einer zusätzlichen Arbeitsleistung der eh schon am Limit arbeitenden Pflegekräfte zu lösen versucht, dann darf mit Recht entweder dessen Sachkenntnis oder dessen Verstand angezweifelt werden! [224] Nun wäre allerdings wenig erreicht, wenn man sich mit der Kritik an den politischen Akteuren zufrieden geben würde.

Eine vielversprechende Perspektive, um den Verantwortlichen einen ‚realen Einblick' in den Alltag der Pflegekräfte zu geben, wäre ein verpflichtendes Praktika. Dabei sollte dieses nicht unter sechs Wochen andauern, damit auch tatsächlich die ‚alltäglichen Probleme und Herausforderungen' für den Betreffenden sichtbar werden. Die verpflichtende Teilnahme an solch einem Berufsfeld würde viel mehr Ertrag in Aussicht stellen, als der schlichte

---

[223] etwas **Revue passieren zu lassen** bedeutet, sich etwas in Gedanken nochmals zu durchdenken

[224] Vgl. o.A. (2018): Pflegenotstand. Jens Spahn: Pflegekräfte sollen länger arbeiten, http://www.fr.de/politik/pflegenotstand-jens-spahn-pflegekraefte-sollen-laenger-arbeiten-a-1586478, abgerufen am 20.11.2018.

jährliche Besuch. Man mag einwenden, dass gerade hochrangige Politiker auf Schritt und Tritt durch Medienvertreter bei solch einem Praktikum verfolgt würden und es fraglich wäre, ob die Politiker (damit das Unternehmen nicht schlechte Presseberichte durch ‚Notstände' zu fürchten hätte) nicht bevorzugt würden und letztlich von dem ‚Alltag in der Pflege' ebenso wenig mitbekämen wie zuvor. Jedoch würde ein Pflichtpraktika vielen Politikern Erfahrungswerte zukommen lassen, die aus meiner Sicht unerlässlich im Sozialbereich sind und die sich <u>nicht</u> mittels einer Mitgliedschaft in einem Pflegeunternehmen (z.B. K&S oder der AWO) vermittelt werden können. Bei letztgenanntem Engagement besteht überdies die Gefahr sich zu einseitig auf die Interessen der Pflegebetriebe zu konzentrieren, ohne aber auf die Stimme der Pflegenden selbst zu hören. Aber wissen die Verantwortlichen nicht längst um die katastrophalen Zustände im Pflegebereich, auch ohne solche ‚Praxiserfahrungen'? Das steht zumindest zu befürchten, denn vielfach ist das Thema und die damit verbundenen Probleme bereits, auch öffentlich, angeprangert worden – man erinnere sich beispielsweise an den Appell einer Pflegekraft gegenüber Angela Merkel.[225] Doch was folgte

---

[225] Vgl. Becker, Kristin & Wolfgang Wichmann (2017): Wahlarena mit Merkel. Ein Moment für

aus derlei Ansprachen? Ein kurzer medialer Aufschrei sowie Zusicherungen seitens der Politik, es ‚besser zu machen', mit dem Resultat das sich bis dato nichts Grundlegendes an den Sorgen und Brennpunkten in der Pflege getan hat. Was würde aber ein ‚Pflichtpraktikum' für einen Sinn machen, wenn die Verantwortlichen (in Politik und Pflegebetrieben) nicht Willens sind, etwas für eine solche Besserung zu tun? Dieser Einwand ist sicher berechtigt, aber man sollte doch bedenken, dass Personen, die nicht an der Änderung der Verhältnisse interessiert sind (aus welchen Motiven auch immer) sich durch <u>keinerlei</u> Maßnahmen, ob in Form von Protesten, Appellen oder eben Pflichtarbeit in sozialen Berufen zum einlenken bewegen lassen! Folglich sollte man sich nicht auf jene Personen konzentrieren, bei denen man sich gewiss sein kann, dass solche Ideen zwecklos sind. Vielmehr geht es darum diejenigen zu sensibilisieren, welche bisher von den Zuständen entweder nichts ‚wussten' (so schwer das auch zu vermitteln sein dürfte) oder sich noch nicht mit dieser ‚Seite' der Pflege auseinandergesetzt haben (z.B. in der Verwaltung oder im politischen Raum).

Würde das nicht den nicht so schon vorhandenen ‚langsamen Parlamentsprozess' weiter ausbremsen? –

---

die Krankenpflege, https://www.tagesschau.de/inland/btw17/krankenpflege-105.html, abgerufen am 2.11.2018.

Durchaus. Doch erwarte ich von Politikern, welche den Anspruch erheben Probleme der Menschen im Lande zu lösen, und die Pflege ist eines der Zentralsten unserer Zeit, eine gewisse ‚Expertise'[226] mitbringen, die sie in die Lage versetzt Sorgen und Nöte wahrzunehmen und konsequent an deren Lösung zu arbeiten! In Themen wie diesen, helfen keine routinierten Phrasen, dass ‚man sich bemühe und bald sich die Lage bessern werde', sondern es sind konkrete Maßnahmen wie ein fester Personalschlüssel, die Erhöhung von Gehältern im Pflegebereich und die Verpflichtung seitens der Pflegebetriebe eine vorgeschriebenes Personal-Patienten-Verhältnis einzuhalten! Es kann nicht sein, dass einerseits bei jedem Medienauftritt die Politiker die große Bedeutung des Pflegeberufs betonen (was angesichts der Probleme wenig zu helfen vermag) und andererseits konkrete politische Handlungen unterbleiben. Ein grundlegendes Problem stellt sich mir in Gestalt der Privatisierung des ‚sozialen Bereiches' [227] dar. Damit wurden soziale Berufe den Wettbewerbsbedingungen der konkurrierenden Betreiberfirmen ausgeliefert, was sich negativ auf Lohnsituation der Arbeiter*innen und das Personal-

---

[226] **Expertise** bezeichnet ein spezielles Fachwissen auf einem oder mehreren Gebiet(en)
[227] Der **soziale Bereich** meint hier die Pflege (mobil wie auf Station), Krankenhäuser, Ergotherapeuten usw.

Patienten-Verhältnis ausgewirkt hat.[228] Da auf der einen Seite möglichst viele Pflegebedürftige von den Unternehmen angestrebt werden (klar, denn sie sind ja, je nach Pflegegrad, eine gute Einnahmequelle) und andererseits mit möglichst wenig Personal versucht wird auszukommen (das ist schließlich der ‚einfachste' Punkt, an dem die Betriebe sparen können). Das eine solche Personalpolitik auf kurz oder lang enorme Probleme sowie Konfliktpotenzial birgt, ist nicht verwunderlich. Die Dilemmata in denen sich die Pfleger wie die zu Pflegenden aufgrund dieser ‚Wettbewerbslogik'[229] wiederfinden sind vielschichtig und können hier nur ansatzweise dargestellt werden.

Ein erstes Dilemma lässt sich in der mangelnden Personalausstattung selbst ausmachen. Wegen des fehlenden Personals sind die ‚verbliebenen Pflegekräfte' nun doppelt gefordert – sie sollen die qualitativ gleiche Arbeit wie zuvor absolvieren und darüber hinaus noch die Aufgaben übernehmen, die eigentlich durch eine zusätzliche Kraft erledigt würde! Das dieser Druck, diese Mehrarbeit auf Kosten der Zeit für die einzelnen Patienten

---

[228] Vgl. Müller, Dirk (2018): Pflege in Deutschland. „Dieser Pflegenotstand ist kein Tsunami, sondern hausgemacht", https://www.deutschlandfunk.de/pflege-in-deutschland-dieser-pflegenotstand-ist-kein.694.de.html?dram:article_id=424447, abgerufen am 4.9.2018.
[229] **Wettbewerbslogik**: das Handeln nach Gewinnorientierung (möglichst wenig Kosten/Personal bei möglichst hohen Einnahmen/Patienten)

geht, sollte eigentlich selbst den Betreibern bewusst sein –
aber weit gefehlt! Anstelle für eine ausreichende Menge an
Fachkräften zu sorgen, die sich um eine festgelegte Anzahl
an Bedürftigen kümmern kann, gehen die Pflegebetriebe
allzu häufig davon aus, dass die vorhandenen Mitarbeiter
‚es schon richten werden' und keine weiteren Fachkräfte
eingestellt werden müssten. Dieses ‚laissez-faire'-Prinzip[230]
beschert den Pflegekräften eine Überbelastung, die letztlich
sogar in Krankheitsfällen und weitreichenden psychischem
Druck enden kann. Denn die Mitarbeiter leiden auch
darunter den Menschen, die sie versorgen, nicht die
Beachtung zukommen lassen zu können, die eigentlich
dringend nötig wäre! Was folgt ist ein zwiespältiger
Prozess: während die Einen seelisch und emotional
‚abstumpfen', die zu Pflegenden also nicht mehr als
Menschen, sondern nur noch als Zahl der zu Versorgenden
innerhalb einer bestimmten Zeitspanne betrachten und
letztlich die Nähe in Häusern ‚von und für Menschen' quasi
abstirbt, gehen die Anderen unter diesem Dilemma kaputt,
das heißt, sie schaffen es nicht mehr, die ‚Arbeit nicht mit
nach Hause zu nehmen' und denken unentwegt an die teils
schrecklichen Vorkommnisse. Beide hier beschriebenen
Phänomene sind schockierend und sollten den

---

[230] **laissez-faire-Prinzip**: bezeichnet ein striktes ‚Nichteinmischen' (sich aus
bestimmten Bereichen oder Problemen rauszuhalten)

Außenstehenden zum nachdenken zwingen! Denn wie kann es sein, dass Menschen, die sich beruflich der Aufgabe gewidmet haben ‚Pflegebedürftigen einen angenehmen Lebensabend zu ermöglichen' nach ein paar Jahren resigniert die Segel streichen, oder unter der Last von Druck, Zeitmangel und Personalnot zusammenbrechen?![231] Nicht minder schockierend ist die Situation für die Bedürftigen. Diese werden stückweise ‚entmenschlicht', da keine Zeit für Gespräche oder angemessene Begleitung im ‚Alltag' bleibt. Stattdessen werden viele von ihnen einfach nur noch ‚abgefertigt', da eine intensivere Betreuung mangels Personal nahezu ausgeschlossen ist. Dazu kommt eine andere Kehrseite der unternehmerischen Personalpolitik – das Verhältnis unter den Heimbewohnern selbst leidet. Es geht nicht mehr um gemeinsame Aktivitäten (die aufgrund des Zeitplans eh rar gesät sind), sondern darum möglichst viele Pflegebedürftige mit möglichst hohem Pflegegrad im eigenem Heim unterzubringen, denn dafür gibt es schließlich die höchsten Zuschüsse durch die Krankenkassen. Ob die Patienten aber fachgerecht betreut werden können (denn häufig fehlen spezialisierte Fachkräfte gerade für die stärker Pflegebedürftigen) und ob

---

[231] Vgl. Stalinski, Sandra (2017): Pflegenotstand in Deutschland. Überlastet, ausgebrannt – und weg, https://www.tagesschau.de/inland/pflege-notstand-101.html, abgerufen am 4.9.2018.

die restlichen Heimbewohner mit den auch zum Teil schwierigen Neuzugängen zurechtkommen, scheint irrelevant!

Welche Maßnahmen haben Politiker bisher angekündigt um den ‚Pflegenotstand' zu bewältigen und was ist davon zu halten? Jüngst hat die Bundesregierung bekannt gegeben, dass sie bis zu diesem Jahr (2018) ca. 660 Millionen Euro in einer Art Förderprogramm bereitstellen möchte.[232] In den folgenden Jahren sollen dann jährlich ca. 330 Millionen Euro an ‚Hilfen' in den Pflegebereich fließen, um somit die Personalsituation zu verbessern. Doch ist das wirklich zielführend? Finanzhilfen mögen ein guter und wichtiger erster Schritt sein, können aber tiefgreifende Reformen in der Pflege keineswegs ersetzen! Es braucht vor allem eine bessere Bezahlung der Fachkräfte sowie der Auszubildenden in diesem Bereich, ein festes ‚Personal-Patienten-Verhältnis' und ein Mehr an Menschen, die sich für diesen Beruf entscheiden. Dazu können sicherlich auch finanzielle Anreize einen Beitrag leisten, denn die Bezahlung der Arbeiter*innen im Pflegesektor steht in keinem Verhältnis zur immensen Verantwortung, die der Einzelne im Alltag zu schultern hat. Auch hier mag man einwenden, dass solche Maßnahmen Zeit bräuchten um zu

---

[232] Ebd.

wirken, bzw. vom Gesetzgeber überhaupt erst einmal beschlossen zu werden. Das ist richtig, aber die heutige brenzlige Lage im Bereich der Kranken- und Altenpflege resultiert nicht zuletzt darauf, dass die Politiker und die Arbeitgeber die Sorgen wie Probleme jahrzehntelang toleriert, wenn nicht gar ignoriert haben! Insofern muss jetzt gehandelt werden, denn andernfalls wird das Pflegesystem wie es momentan noch besteht zeitnah zusammenbrechen. Die Lage wird indes nicht einfacher, denn die Zahl der Pflegebedürftigen wächst jährlich weiter. Waren es 1999 noch ca. 2,016 Millionen Menschen, die als pflegebedürftig galten, so hat sich deren Zahl bis 2015 bereits auf 2,86 Millionen erhöht.[233] Sieht man sich beispielsweise die Lage in Thüringen an, so stellt man fest, dass auf 100 offene Stellen in der Pflege gerade einmal **14** Fachkräfte kommen! Das heißt, 22 Heime konnten die ‚geforderte' Quote an Fachkräften nicht bedienen, was einem Anteil von 50% entspricht. [234] Sicherlich wachsen Fachkräfte nicht auf Bäumen und deren Ausbildung wird einige Jahre in Anspruch nehmen. Aber das kann keine Begründung sein, notwendige Reformen in der Pflege ‚auf Morgen' zu

---

[233] Vgl. Schwandt, Friedrich & Tim Kröger (2018): Anzahl der Pflegebedürftigen in Deutschland in den Jahren 1999 bis 2015 (in 1.000), https://de.statista.com/statistik/daten/studie/2722/umfrage/pflegebeduerftige-in-deutschland-seit-1999/, abgerufen am 4.9.2018.

[234] Vgl. Lochthofen, Boris (2018): Thüringen überdurchschnittlich betroffen. Trauriger Rekord: so viele Pflegekräfte fehlten noch nie, https://www.mdr.de/thueringen/pflege-personalmangel-100.html, abgerufen am 4.9.2018.

vertagen, respektive mit ‚kosmetischen, oberflächlichen Beschlüssen‘[235], wie der Schaffung von 1000 Stellen (bei einem Bedarf von ca. 10.000) die Lage nicht wesentlich zu verbessern. Oftmals kamen auch Vorschläge zur Werbung ausländischer Fachkräfte ins Spiel. Doch auch hier sollte man sich nicht täuschen lassen. Zum einen würden ausländische Fachkräfte sich auch nicht für eine Anstellung in Deutschland entscheiden, wohlwissend dass sich ‚ihre Situation‘ (heißt Bezahlung, Wochenarbeitszeit, Arbeitsklima etc.) wesentlich verschlechtert. Zum anderen drückt sich einem der Eindruck auf, mittels dieser Taktik sollen notwendige Reformen in der Pflege, wie etwa die Bezahlung, ausgeklammert werden. Denn über ein noch höheres Angebot an Fachkräften ist die Lage für die Betreiber gegenüber den Angestellten noch besser, da die Arbeiter*innen durch den Nächstbesten (‚günstigeren‘ Arbeitnehmer) ersetzt werden könnten. Wenn man sich vergegenwärtigt, dass Altenpfleger durchschnittlich 30% weniger verdienen als Pfleger in Krankenhäusern, sollte das dem besorgten Bürger zu Denken geben! Damit erhält eine Pflegekraft in einem Heim den Lohn einer Hilfskraft in

---

[235] **kosmetische, oberflächliche Beschlüsse:** beschlossene Maßnahmen, die nichts an den ‚Grundproblemen‘ verändern (beispielsweise eine Finanzspritze zu beschließen, nicht aber höhere Löhne)

Krankenhäusern. [236] Ein eigentlich unhaltbarer Zustand, doch fehlt es den meisten Angestellten in der Pflege an gewerkschaftlicher Bindung, so können Aktionsformen wie Streiks und dergleichen nicht oder nur erschwert organisiert werden. Darüber hinaus ist dies ja kein vereinzeltes Phänomen eines Pflegeheimes, sondern vielmehr ‚gängiger Standard' in den Pflegeheimen und Krankenhäusern Deutschlands!

Ein letzter kritischer Punkt findet sich im Personalsystem bzw. dessen Aufbau im Bereich der Pflege. Hier wird, je nach Pflegegrad der behandelten Personen, ein unterschiedlicher Bedarf an Fachkräften festgelegt. Soweit die Theorie, doch nicht selten weicht die Praxis erheblich von den in der Verwaltung ermittelten ‚idealen Verhältnis' ab, was zu den oben bereits skizzierten vielschichtigen Problemen führt.

Zusammenfassend lassen sich folgende zentralen Problemfelder im Sozialbereich ausmachen:

- die Arbeitslosenstatistik wird mit Hilfe diverser ‚statistischer Tricks' verzerrt; die Behörde selbst arbeitet weniger an einer individuell-passenden Integration in den Arbeitsmarkt, denn an einer starren ‚Erfüllung von Quoten'

---

[236] Ebd.

- die Wohnungslosigkeit ist ein zunehmendes Problem vieler Menschen in Deutschland, welches durch die steigenden Mietpreise weiter verschärft wird
- eine Lösung würde der ‚Housing-first-Ansatz' bieten (Betroffene sollten schnellst möglichst in ‚Normalverhältnisse' zurückkehren können)
- die Mieten werden zum zunehmenden Armutsrisiko in Deutschland; es müssen Maßnahmen ergriffen werden, die den Wohnungsmarkt vor Spekulationen schützen (sozialer Wohnungsbau)
- die Pflege weist erhebliche Probleme auf, die in der mangelnden Personalausstattung, der Unterbezahlung sowie des psychischen und emotionalen Drucks der Arbeiter*innen gründen
- den grundlegenden Fehler stellt die ‚Privatisierung des sozialen Bereiches' dar, der Standards in diesem (wie ein angemessenes Personal-Patienten-Verhältnis) wird der Wettbewerbsmentalität der Betreiberfirmen opfert
- die bestehenden bzw. angedachten Maßnahmen reichen bei weitem nicht aus, vielmehr braucht es einen festen ‚Schlüssel' (Personal-Patienten), einen verbindlichen Mindestlohn für die Fachkräfte und ein stärkeres Engagement des Staates (öffentliches Wohlfahrtssystem)

5.2 Die Lohnentwicklung in Deutschland und die Glaubwürdigkeit des Mindestlohns:

Sieht man sich die Entwicklung der Löhne in Deutschland an so könnte man den Eindruck gewinnen, alles sei in Ordnung in der Bundesrepublik. Steigende Löhne, die Einführung des Mindestlohns, vermeintliche Rekordbeschäftigung, um nur einige Stichworte zu geben – doch ist das wirklich so oder birgt diese Sichtweise Gefahren?

Zunächst lässt sich feststellen, dass sowohl die Nominal- als auch die Reallöhne[237] im Jahr 2017 zugelegt haben. Die Steigerung des Nominallohns fiel mit durchschnittlich 2,7-3,2% höher aus als die des Reallohns (1,5-2,7%).[238] Dies ist vor allem auf die Berücksichtigung der Verbraucherpreise (die Kosten für einen durchschnittlichen ‚Warenkorb', wie Lebensmittel etc.) zurückzuführen. Die Verbraucherpreise werden nämlich in den Nominallöhnen nicht berücksichtigt! Vergleicht man die Zahlen mit denen des Vorjahres, so kann gesagt werden, dass die Löhne in Deutschland ‚real' nur um 0,8% gegenüber 2016 zugelegt

---

[237] **Nominal- und Reallöhne:** Der Nominallohn gibt nur an, wie viel Geld man (durch Lohn usw.) zur Verfügung hat, aber ohne die Kaufkraft des Geldes zu berücksichtigen; der Reallohn nimmt die Verbraucherpreise mit auf.

[238] Vgl. Schwandt, Friedrich & Tim Kröger (2018): Entwicklung der Reallöhne/ Nominallöhne in Deutschland vom 1. Quartal 2014 bis zum 1. Quartal 2018 (gegenüber Vorjahresquartal), https://de.statista.com/statistik/daten/studie/152761/umfrage/entwicklung-der-loehne-in-deutschland/, abgerufen am 4.9.2018.

haben, was vor allem an der erheblich gestiegenen Inflation[239] liegen dürfte.[240] Doch kommt man auch bei diesem Thema nicht umhin einen Widerspruch aufzuzeigen, denn eigentlich verhält es sich zwischen der Arbeitslosigkeit und den Einkommen folgendermaßen: steigt die Anzahl der Erwerbslosen so sinkt das Einkommen, sinkende Arbeitslosigkeit müsste sich nun in höheren Löhnen wiederspiegeln (da mehr Menschen erwerbstätig sind, die Firmen voll personell ausgestattet, folglich mehr produzieren können und somit letztlich auch Forderungen nach einem höheren Lohn stattgegeben werden kann). Blickt man jedoch auf die gegenwärtige Situation in Deutschland, so ist dies aber nicht der Fall. Es wird eine Stagnation[241] der Löhne bzw. deren Entwicklung sichtbar – aber weshalb ist das so? Manch ein Experte führt diesen Umstand auf die ‚gesunkene Produktivität' Deutschlands sowie einer abnehmenden gewerkschaftlichen Organisation zurück.[242] Was den ersten Punkt anbelangt, so kann angesichts von (offiziell) immer

---

[239] **Inflation**: meint eine Verteuerung der Preise für Güter und Dienstleistungen mit der Folge, dass das Geld, was man zur Verfügung hat, an Wert verliert

[240] Vgl. o.A. (2018): Inflation. Reallöhne in Deutschland steigen kaum, https://www.zeit.de/wirtschaft/2018-03/inflation-realloehne-geringer-anstieg-teuerungsrate-statistisches-bundesamt, abgerufen am 4.9.2018.

[241] **Stagnation** heißt in diesem Zusammenhang, dass keine Lohnerhöhungen zu verzeichnen sind.

[242] Vgl. Hank, Rainer (2017): Trotz Vollbeschäftigung. Warum steigen unsere Löhne nicht mehr?, http://www.faz.net/aktuell/wirtschaft/gehalt-warum-die-loehne-nicht-mehr-steigen-15148659.html, abgerufen am 4.9.2018.

weiter sinkenden Arbeitslosenzahlen und daraus folgenden sprudelnden Steuereinnahmen des Staates keine Rede sein. Wie ließe sich so das weiterhin steigende Wirtschaftswachstum erklären?! Zum zweiten Punkt: diesem ist insofern zuzustimmen, als das die Bereitschaft ‚Teil einer Gewerkschaft' zu sein, sicherlich zurückgegangen ist. [243] Was daraus folgt ist eine schwächere Position für den einzelnen Angestellten, wenn es gerade um die Erhöhung seines Gehalts geht, denn (so simpel das auch anmuten mag) je stärker respektive größer ein Verbund zwischen den Arbeitern*innen ist, desto höher ist natürlich die Chance die Erhöhung durchzusetzen. Nicht nur in der Pflegebranche ist das ein Problem. Auch andere Berufsgruppen würden gewiss von einer stärkeren Gewerkschaftsarbeit profitieren. Dies sollte allerdings nicht (wie anhand der Gewerkschaften der Lokführer und der Zugbegleiter zu sehen ist) zu einer langfristigen Spaltung der Belegschaft führen! Das Endergebnis wäre somit, dass die Interessen der Einen zulasten der Anderen durchgesetzt bzw. gegeneinander ausgespielt werden könnten. Womit ich ausdrücklich <u>nicht</u> eine Zentralisierung [244] der Gewerkschaften befürworte, denn

---

[243] Ebd.

[244] **Zentralisierung** meint hier, die Existenz einer einzigen Gewerkschaft, die stellvertretend für alle Arbeitnehmer in diesem Bereich handelt

auch eine einzige Gewerkschaft läuft Gefahr die Interessen der einen Gruppe ihrer Mitglieder den Vorrang gegenüber Anderen zu geben – aber das Maß ist entscheidend! Es bringt für die Arbeiter*innen wenig bis nichts, wenn sich zahlreiche Vereine im Streit gegenseitig um die Erfolge bringen. Gleiches gilt für eine einzelne Gewerkschaft die, mangels Alternativen den Beschäftigten keine Wahl lässt, wie sie ihre Interessen zu vertreten gedenkt.

All dies darf jedoch nicht dazu führen, den Staat aus seiner Verantwortung zu entlassen, das heißt, falls die Unternehmen nicht von sich aus in der Lage sind (aus welchen Motiven auch immer) für eine Entlohnung zu sorgen, welche die Menschen zum leben berechtigt! Das beinhaltet neben den Kosten für Wohnung, Lebensmittel, Nebenkosten usw. auch die Teilhabe am gesellschaftlichen und kulturellen Leben. Weiterhin muss ein Lohn so angesetzt, wie notfalls angepasst werden können, um auch im Rentenalter davon auskommen zu können. Gewiss ist die Einführung des Mindestlohns 2015 ein richtiger Schritt gewesen, um die ‚Werbung mit billigen Arbeitskräften‘[245] einzuschränken. Aber das kann nur ein erstes Signal auf dem Weg zu ‚lebenssichernden Löhnen‘ sein! Es gibt vielerlei Studien die belegen, dass die Menschen vom

---

[245] **‚Werbung mit billigen Arbeitskräften‘** heißt, die gezielte Werbung mit Niedriglöhnen, um Unternehmen für die Region/ das Land zu begeistern (Beispiel: Sachsen)

derzeitigen Mindestlohn (8,84€/h) nicht leben können.[246]
Daher muss dieser auf ein entsprechendes Niveau angehoben werden. Hierbei helfen allerdings ‚Pseudo-Versprechen‘[247], wie vom Finanzminister Scholz neulich verkündet nicht weiter, weil sie zu viele Fragen ungeklärt lassen und die SPD (spätestens nach der Agenda 2010 – Hartz-IV) ihre Glaubwürdigkeit gegen Regierungsbeteiligung eingetauscht hat!

Anbei möchte ich den Vorschlag von Bundesfinanzminister Scholz (SPD) darlegen und anschließend meine Bedenken äußern. Dieser bringt nun einen Mindestlohn von zwölf Euro pro Stunde ins Gespräch und begründet das unter anderem mit der Feststellung, dass der momentane Mindestlohn eben nicht ausreiche. Des Weiteren bekräftigt er auch wer aus seiner Sicht die Verantwortung für einen höheren Mindestlohn zu tragen hat: die Unternehmen. *„Am Lohn sollten Unternehmen nicht sparen“*[248], dass mag durchaus plausibel klingen, jedoch werden einige wichtige Punkte und auch die Rolle des Staates außen vor gelassen! Die Geschichte zeigt, dass Firmen im seltensten

---

[246] Vgl. o.A. (2018): Studie der Hans-Böckler-Studie. Mindestlohn reicht nicht fürs Großstadtleben, http://www.spiegel.de/wirtschaft/soziales/mindestlohn-reicht-laut-studie-nicht-zum-leben-in-grossstaedten-a-1204369.html, abgerufen am 20.11.2018.

[247] **‚Pseudo-Versprechen‘** meint, eine Aussage zu treffen (z.B. man wolle den Mindestlohn erhöhen), um dieses aus diversen Gründen letztlich doch nicht zu tun

[248] Vgl. o.A. (2018): Finanzminister Scholz. „Zwölf Euro Mindestlohn sind angemessen“, http://www.faz.net/aktuell/wirtschaft/mehr-wirtschaft/mindestlohn-olaf-scholz-fuer-12-euro-15866204.html, abgerufen am 20.11.2018.

aller Fälle höhere Gehälter von ‚sich aus' zu zahlen bereit sind, weshalb ja auch der Mindestlohn 2015 eingeführt wurde. Sich nun derart aus der Verantwortung zu stehlen, nach dem Motto ‚ich habe die Idee, die Anderen sollen sie umsetzen', ist nur schwer zu ertragen und zeigt weshalb die SPD nunmehr ein Schatten einer einstigen ‚Volkspartei' ist. Außerdem gibt es, gerade mit Blick auf die Person Olaf Scholz nicht geringe Bedenken hinsichtlich dessen, ob dieser Vorschlag jemals in die Tat umgesetzt wird. So ist bekannt, dass Scholz ein vehementer Verfechter der ‚schwarzen Null'[249] ist, schon allein deshalb ist es mehr als nur fraglich ob dieser Mindestlohn überhaupt kommt. Denn führt man sich vor Augen, dass der ‚Bund' (d.h. der Bundestag) eventuell steuerliche Mittel für einen solchen Mindestlohn zuschießen müsste und es dadurch zu absehbaren Konflikten mit dem ‚ausgeglichenen Haushalt' kommen könnte, dann wird Herr Scholz nicht zögern seine Forderung zurückzunehmen, um diese ‚schwarze Null' halten zu können. Weiterhin lässt das bisherige Verhalten der SPD innerhalb der Großen Koalition keinesfalls darauf schließen, dass sich die ‚Genossen' auch nur im Entferntesten durchzusetzen vermögen. Man erinnere hier nur an die Garantie des gesetzlichen Rentenniveaus bis

---

[249] Die **schwarze Null** bezeichnet einen ausgeglichenen Bundeshaushalt (keine neuen Schulden gemacht werden sollen).

2040, welches in der SPD mit Nachdruck gegenüber den Unionsparteien (deren Ziel war eine Garantie bis 2025) verlautbart wurde. Als vermeintliche ‚Lösung' präsentierte die Koalition die Garantie bis 2025 (also den Unionsvorschlag). Spitzenpolitiker der SPD wurden anschließend nicht müde ihren ‚Erfolg' in der Sache zu betonen. Ein Erfolg, der de facto eine Niederlage auf ganzer Linie war! Es spricht Bände, dass eine Partei ihre zuvor öffentlich ausgesprochenen Ziel derart schnell ‚über Bord wirft' und sich nachher auch noch als Sieger verstanden wissen möchte!

Ein letzter Punkt der in der aktuellen Debatte überhaupt keine Rolle einzunehmen scheint, ist die sogenannte ‚kalte Progression.'[250] Diese wurde insbesondere vom früheren Finanzminister und jetzigen Bundestagspräsidenten Schäuble (CDU) sowie weiteren Unionspolitikern bei nahezu jedem Wahlkampf ins Spiel gebracht. Man ‚müsse endlich den Steuerzahler entlasten', war die Losung. Passiert ist in der Hinsicht bekanntlich wenig. Gründe fanden sich dafür reichlich, welche die eigene Misere[251] schmälern und den Spielball zu anderen Parteien bringen

---

[250] Die **kalte Progression** meint, durch eine Gehaltserhöhung in eine höhere Steuerklasse zu geraten und somit mehr Steuern abführen zu müssen mit dem Ergebnis, dass man weniger Geld zur Verfügung hat als zuvor (trotz ‚Mehrverdienst')

[251] **Misere** ist eine bedauernswerde Notlage, eine unglückliche Situation

sollte. Entweder war es der Koalitionspartner, mit dem dieses Vorhaben schlicht nicht umsetzbar schien, der Haushalt, welcher eine zusätzliche Belastung nicht ‚vertragen' würde oder die Eurofinanzkrise, die erst einmal gelöst werden müsse ehe man über solche Dinge nachdenken könne. Ja, die Fülle an Ausreden zeugt schon von gewisser Kreativität bei den Verantwortlichen und von dem Glauben an die Naivität der Wähler, alle vier Jahre der gleichen Mär[252] erneut aufsitzen zu können.

Zusammenfassend können für den Bereich Lohnentwicklung folgende Aspekte genannt werden, die revolutionäre Politik ermöglichen:

- erstens die paradoxe Situation, dass es immer mehr Menschen gibt, die einer Beschäftigung nachgehen, aber zugleich auch die Zahl derer steigt, die von ihrem Einkommen nicht leben können

- die Notwendigkeit von Rentenerhöhungen (gleiche Renten für in West- wie Ostdeutschland lebende Menschen!) sowie eines höheren Mindestlohns, der auch zur Teilhabe am Leben berechtigt!

- die Verantwortungslosigkeit führender Politiker (allen voran Union und SPD) beim Thema Mindestlohn –

---

[252] **Mär** meint eine seltsame, unglaubwürdige Erzählung

Verantwortung abschieben, der konkreten Umsetzung schuldig bleiben

- eine Forderung nach der Abschaffung der ‚kalten Progression' (und deren Umsetzung) und weiterhin einen ausgeweiteten Spitzensteuersatz, der auch die Menschen mit einem Verdienst von über 250.731€ einbezieht

- eine Rentenkasse, in der alle Steuerzahler einzahlen (unabhängig vom Beruf oder Vermögen)

5.3. Vertrauen in die Politik:

1. Misstrauen auf diversen Ebenen:

Wirft man einen Blick auf die Vertrauensbasis zwischen der Bevölkerung sowie den Parteien und Institutionen, dann offenbart sich (ähnlich wie in der Pflege) ein fatales Bild. In einer Umfrage geben 60% der Teilnehmer an, den Parteien in Deutschland eher zu misstrauen, wo hingegen nur 30% den Parteien ihr Vertrauen aussprechen.[253] Zwar nimmt das Misstrauen mit zeitlichem Verlauf ab (im Frühjahr 2016 sprachen noch 72% der Menschen ihr Misstrauen mit Blick auf die Parteien aus), dennoch sind diese Zahlen nach wie vor beunruhigend.

---

[253] Vgl. Schwandt, Friedrich & Tim Kröger (2018): Wie sehr vertrauen Sie den politischen Parteien, https://de.statista.com/statistik/daten/studie/153820/umfrage/allgemeines-vertrauen-in-die-parteien/, abgerufen am 6.9.2018.

Schauen wir auf die Zufriedenheit der Bevölkerung mit der amtierenden Großen Koalition unter Angela Merkel, sieht das Bild noch schlechter aus. Gerade einmal noch 22% der Menschen haben demnach großes oder sehr großes Vertrauen in die Arbeit der Regierung. Dem Entgegen stehen 66% der Regierungsarbeit kritisch gegenüber.[254] Auffällig ist hierbei, dass besonders die ‚neuen Bundesländer'[255] weniger Vertrauen in die Arbeit der Regierung haben als die ‚alten Bundesländer'. 72,4% geben an kein Vertrauen in die Arbeit der Koalition zu haben, wobei sich dieser Wert im Vergleich zu den Ergebnissen im März sogar noch um 5,4% erhöht hat.[256] Eine weitere Umfrage bestätigt, dass zunehmend mehr Menschen in Deutschland den politischen Institutionen (Bundestag, Landtage, Bundesrat etc.) skeptisch und distanziert begegnen.[257]

Doch warum ist das Misstrauen in Deutschland derart groß und welche Unterschiede bestehen zwischen den ‚alten' und den ‚neuen' Bundesländern? Um diese Fragen zu

---

[254] Ebd.

[255] **neue Bundesländer:** Landesteile auf dem Gebiet der ehemaligen DDR (Sachsen, Sachsen-Anhalt, Thüringen, Brandenburg, Mecklenburg-Vorpommern)

[256] Vgl. Arnsperger, Malte (2018): Civey-Umfrage für Focus-Online. Bürger haben immer weniger Politik-Vertrauen – besorgniserregende Entwicklung im Osten, https://www.focus.de/politik/deutschland/civey-umfrage-fuer-focus-online-buerger-haben-immer-weniger-politik-vertrauen-besorgniserregende-entwicklung-im-osten_id_9530665.html, abgerufen am 6.9.2018.

[257] Vgl. Heinrich, Daniel (2018): Innenpolitik. Unzicker: Vertrauen in Politiker schwindet, https://www.dw.com/de/unzicker-vertrauen-in-politiker-schwindet/a-44493645, abgerufen am 6.9.2018.

beantworten, sollte man sich klarmachen, dass die Grundlage jedweder Vertrauensbasis (ob in der Partnerschaft, Freundschaft oder auch der Politik) Verlässlichkeit darstellt. Das heißt, man muss sich, im übertragenen Sinne durch die Politiker und ihre Parteien ,wahrgenommen fühlen', sowohl mit Blick auf die Interessen als auch auf die Sorgen und Probleme.[258] Aber genau dies ist nicht mehr der Fall. Statt die Sorgen und Probleme vieler Menschen in Deutschland zur Kenntnis zu nehmen, scheinen sich viele Abgeordnete einzig um ihr persönliches Wohlergehen zu sorgen und verlieren dabei den Blick für die Menschen, welche sie in diese Verantwortung gebracht haben! Eine gute Metapher [259] bildet in diesem Zusammenhang ausgerechnet der Deutsche Bundestag ab. Mit seiner Glaskuppel über dem Plenarsaal steht der Bundestag symbolisch für die Abkopplung der derzeitigen politischen Entscheidungsträger von den Wählerinnen und Wählern. Die Politiker scheinen gar in einer ,anderen Welt' zu verharren, in der es (wenn überhaupt) einzig die Sorge um den ,Stammplatz' im Parlament bei der nächsten Wahl geht! Beispielhaft für diese Entwicklung kann der Fall des nun entlassenen Verfassungsschutzchefs Maaßen gelten. Nach dessen umstrittenen Äußerungen wurde er zunächst

---

[258] Soziologe Unzicker zitiert nach: Heinrich, Daniel (2018).
[259] **Metapher**: bildhafter Ausdruck (z.B.: jemandem das Herz zu brechen)

ins Innenministerium versetzt, wo er anbei eine höhere Besoldung [260] erhalten sollte. Nachdem der Unmut der Öffentlichkeit gegenüber der Entscheidung die Spitzen der Großen Koalition erreicht hatte, beschloss man Maaßen eine eigene Stelle im selben Ministerium zu schaffen (wobei er die höhere Entlohnung selbstredend behalten hätte dürfen). Erst jetzt, nach einer verschwörerischen Rede Maaßens, in der dieser sich als ‚Opfer einer Verschwörung' darzustellen versuchte, rang sich der Innenminister Seehofer (CSU) zur Entlassung des ehemaligen Verfassungsschutzschefs durch. [261] Dieser Fall dokumentiert eindrucksvoll, wie weit sich führende Politiker mittlerweile von den Wähler*innen entfernt haben! Ein Politiker, gerade in solch einer bedeutenden Position sollte durchaus in der Lage sein, die ‚öffentliche Meinung'[262] abzuschätzen. Jedoch wirkten Merkel, Nahles und Seehofer sichtlich überrascht angesichts des Echos aus der Bevölkerung. Das ist nur ein Beispiel unter vielen, ähnlich könnte man beispielsweise das Verhalten des Verkehrsministers Scheuer (CSU) im Dieselskandal oder den Rückzug Angela Merkels (ohne die Chance zu nutzen

---

[260] **Besoldung**: Gehälter von Richtern, Soldaten oder Beamten

[261] Vgl. Knobbe, Martin & Wolf Wiedmann-Schmidt (2018): Abschiedsrede im Wortlaut. Das Maaßen-Manuskript, http://www.spiegel.de/politik/deutschland/hans-georg-maassen-manuskript-der-abschiedsrede-im-wortlaut-a-1236797.html, abgerufen am 20.11.2018.

[262] Die **öffentliche Meinung** beschreibt, die in einer Gesellschaft vorherrschenden Urteile zu bestimmten Themen.

Fehler einzugestehen) heranziehen. Solange sich die Politik als unfehlbar versteht und nicht in der Lage ist auch Fehler offen einzugestehen, wird eine solide Vertrauensbasis ein Wunschtraum bleiben. Erst wenn Politiker auch den ‚Mut zum Scheitern'[263] entdecken, kann natürlich langfristig gesehen, Vertrauen zurückgewonnen werden.

Indes kommt eine Polis-Studie zu dem Ergebnis, dass auch der gesellschaftliche Zusammenhalt in Deutschland als größtenteils schlecht betrachtet wird. [264] Insbesondere Anhänger von der Linkspartei, der AfD sowie Menschen ohne klare Parteineigung weisen demnach ein besonders negatives Bild im Hinblick auf das gesellschaftliche Miteinander auf. Des Weiteren vertreten immerhin 75% der Befragten (Basis: 5.000 Menschen) die Ansicht, dass der gesellschaftliche Zusammenhalt weiter erodieren [265] werde.[266] Schaut man sich an welche Altersgruppen das Gesellschaftsklima besonders positiv bzw. negativ bewerten, so lassen sich interessante Ergebnisse darstellen. Eine überwiegend positive Einstellung im

---

[263] **Mut zum Scheitern** heißt, Offenheit an den Tag zu legen (wozu auch die Zugabe zum Scheitern sowie Fehlern gehört)

[264] Vgl. Ruhland, Walter (2016): Vertrauen der Bevölkerung in die Politik. Ergebnisse einer Repräsentativuntersuchung im Auftrag des Presse- und Informationsamtes der Bundesregierung, https://dbk.gesis.org/dbksearch/download.asp?id=61252, abgerufen am 6.9.2018.

[265] **erodieren**: Begriff aus der Gesteinslehre; meint etwas stückweise abgetragenes oder verlorengegangenes (hier: Vertrauen)

[266] Vgl. Ruhland 2016, S. 16.

Hinblick auf die Gesellschaft findet sich bei den Altersgruppen 18-24 sowie bei den Menschen mit einem Alter von über 65 Jahren (55%).[267] Dem entgegen haben besonders Menschen im Alter von 45-54 ein wesentlich geringeres Vertrauen in das aktuelle Gesellschaftsklima (37% positiv).

Bei der Zufriedenheit mit der ‚gelebten Demokratie', das heißt, wie die Demokratie in Deutschland tatsächlich funktioniert, findet man hingegen eine nahezu gleichmäßige Verteilung zwischen ‚Zufriedenen' (48%) und ‚Unzufriedenen' (51%).[268] Aber auch hier bestehen große Unterschieden zwischen ‚Ost' und ‚West' (wie am Anfang des Kapitels bereits geschildert). Vergleicht man die Zahlen mit jenen von 2013 so fällt auf, dass die Zufriedenheit in beiden Landesteilen zurückgegangen ist (-13% in den alten und -15% in den neuen Bundesländern).[269] Dabei sind es vor allem die Menschen mit einem ‚mittleren Bildungsabschluss' [270], die eine wesentlich höhere Unzufriedenheit kundtun.

Auch in der Bewertung der Institutionen und Organisationen (Regierung, Kirchen, EU usw.) lassen sich interessante

---

[267] Ebd., S. 24.
[268] Ebd., S. 29.
[269] Ebd., S. 30.
[270] Der **mittlere Bildungsabschluss** wird auch als mittlere Reife bezeichnet, entspricht einem Realschulabschluss (Klasse 10).

Unterschiede erkennen. Während es in Westdeutschland allen voran die Justiz ist, die am meisten Vertrauen bei den Menschen verloren hat (-13%; in Ostdeutschland nur -6%), nimmt in den neuen Bundesländern die Europäische Union diesen Platz ein (-14%; in Westdeutschland nur -9%).[271]

Gleiches kann aber ebenso für die Bundesregierung, deren Arbeit 63% ablehnen und die in Deutschland vorhandenen Parteien gelten. Moniert[272] wird an Letzteren vor allem dreierlei: erstens, dass die Parteien vor Abstimmungen Versprechen verkündeten, die sie dann nicht einhalten (90%); zweitens, dass Parteien die Bevölkerung nicht mehr angemessen vertreten (84%) und das es den Parteien an Alleinstellungsmerkmalen fehle, da sie sich kaum noch voneinander unterscheiden würden (63%).[273]

Diese Ergebnisse sind durchaus ernst zunehmen. Viel zu lange wog man sich (speziell die beiden Volksparteien CDU/CSU und SPD) in Sicherheit, dass die Wähler*innen schon alle vier Jahre wieder ihr Kreuz bei einer ihrer Parteien machten (aus Gewohnheit) – ein Trugschluss! Hinzu kommen die schwer zu ertragenden Täuschungsmanöver (wie am Beispiel der ‚kalten Progression', deutlich gezeigt wurde), die entweder von

---

[271] Ebd., S. 39-41.
[272] **monieren** meint, etwas zu kritisieren bzw. zu bemängeln
[273] Vgl. Ruhland 2016, S. 50.

äußerst größer Naivität der Beteiligten oder von einer angenommenen ‚generellen Dummheit' der Wähler*innen geprägt ist. Mir muss doch bewusst sein, dass ein häufiges Versprechen, dass doch niemals eingelöst wird, irgendwann negative Folgen nach sich ziehen kann und wird! Weiterhin würde ich mich ganz ehrlich schämen, ein und dasselbe Versprechen wieder und wieder hervorzuholen, um letztlich doch Gründe zu finden es nicht umsetzen zu müssen (oder es gar nicht erst vorhabe)! Die Fassungslosigkeit der Politiker angesichts der gesellschaftlichen wie politischen Radikalisierung ist zu einem guten Teil auf ihr eigenes Versagen zurückzuführen. Ein Versagen ehrlich begangene Fehler offenzulegen, ein Versagen Versprechungen zu bringen, um sie dann nicht umzusetzen, ein Versagen das letzten Endes auf Ignoranz und Feigheit der beteiligten politischen Akteure beruht! Nur wenn sich die ‚Basis' und das Verständnis der Politik grundlegend wandelt, kann diese heute und morgen noch das Vertrauen der Menschen erreichen.

Ein treffendes Zitat findet sich in diesem Kontext[274] bei dem ehemaligen französischen Politiker und Philosophen André Bellon, der das Problem eines Konflikts zwischen dem Handeln der Politiker und den Erwartungen der jeweiligen

---

[274] **Kontext** ist ein anderes Wort für Zusammenhang (hier: Vertrauen in die politischen Akteure).

Bevölkerung wie folgt darstellt: *„Die Krise, die sich überall im Westen entwickelt, ist keine traditionelle politische Krise, bei der das Volk seinen Unmut über die Maßnahmen der Volksvertreter äußert, sondern ein fundamentaler Unterschied in der Sichtweise. Auf der einen Seite sind da die Bürger, die repräsentiert werden möchten und politische Wortführer haben wollen. Auf der anderen Seite sind da die >Eliten<, die zu wissen glauben, was das Gemeinwohl ist und sich als Verfechter eines fast zeitlosen und selbstverständlichen allgemeinen Interesses betrachten, selbst wenn sich das gegen ihre eigenen Mitbürger richtet."*[275]

Zusammenfassend sind also folgende Aspekte für den Bereich des politischen Vertrauens bedeutsam:

- ein zunehmend sinkendes Vertrauen in die politischen Parteien und Politiker

- mit Blick auf die Institutionen unterschiedliche Skepsis in West- und Ostdeutschland (,West' eher zu Lasten der Justiz, ,Ost' mit Blick auf das Handeln der europäischen Behörden)

- ein essentieller Verlust von Glaubwürdigkeit, der sich vor allem auf Wahlkampfaussagen sowie deren Umsetzung

---

[275] Bellon, André zitiert nach: Reybrouck, David van (2017): Für einen anderen Populismus. Ein Plädoyer, S. 75.

nach der Wahl begründet (siehe kalte Progression, Mindestlohn usw.) und

- eine fehlende Bereitschaft zur Zugabe von Fehlern und Versäumnissen bei den verantwortlichen Politikern

2. Die Verflechtung von Wirtschaft und Politik – Parteispenden:

Im folgenden Kapitel soll nun einem weiteren Brennpunkt unserer parlamentarischen Demokratie nachgegangen werden – den Parteispenden. Diese gelten, insbesondere wenn sie aus wirtschaftlichen Kreisen stammen, als kritikwürdig und das zu Recht! Ich werde zunächst eine Übersicht zu den erfolgten Parteispenden der letzten zehn Jahre geben, ehe speziell das Jahr 2017 näher betrachtet wird. Es geht hierbei nicht nur um die Frage ‚Wie viel wurde gespendet?‘, sondern auch woher diese ominösen Einnahmen stammen. Anschließend widme ich mich der Frage, ob diese Zahlen tatsächlich transparent[276] sind und wo die klaren Spannungspunkte bei der Annahme solcher Spenden liegen.

Doch zunächst zum Gesamtüberblick. Die nachstehende Übersicht gibt einen Überblick zu den Parteispenden aller im Bundestag vertretenen Parteien von 2008 bis 2017.

---

[276] **transparent**: nachvollziehbar (im Sinne von nachprüfbar, da Spenden unterhalb der Grenze nicht als solche öffentlich gemacht werden müssen)

Darüber hinaus werden auch ,die anderen' Parteien berücksichtigt, die in dieser Zeit hohe Spendensummen erhalten haben. Schaut man sich nur die ,rohen Zahlen' an, so fällt ins Auge, dass insbesondere CDU/CSU und FDP mit Abstand die größten Nutznießer in Sachen Spenden sind. Allein die Union hat im Jahr 2008 (angemerkt das Jahr vor der großen europäischen Finanzkrise) mit ca. 3,47 Mio. Euro die höchsten Spendensummen im betrachteten Zeitraum erhalten. Man mag entgegnen, dass sich die Summe der Zuwendungen bei Union und FDP in den Jahren bis 2017 verringert habe. Doch legt man die tatsächlichen Zahlen zugrunde, dann ist diese Aussage nur die halbe Wahrheit. Denn es zeigt sich, dass zwischen 2008 und 2012 zwar die Bezüge rasant zurückgegangen sind (2008: 3,47 Mio.€; 2012: 0,818 Mio.€), aber nach 2013 wieder stetig ansteigen. Bei der FDP zeigt sich ein vergleichbares Bild, denn auch hier gehen die Spenden zunächst (2009-2012) zeitweilig zurück, doch seit 2013 (man beachte, dass die FDP zu diesem Zeitpunkt nicht mehr im Bundestag vertreten war) wachsen diese wieder an.

Allerdings ist hier kein solch klarer Trend wie bei den Unionsparteien zu verzeichnen, sondern dieser unterliegt größeren Schwankungen.

Interessant ist jedoch der Umstand, dass sowohl die CDU/CSU als auch die FDP in jedem Wahljahr wesentlich höhere Zuwendungen erhalten, als in den restlichen Jahren. Das legt die Vermutung nahe, dass die Spender mit ihren Summen die Wahlentscheidung zumindest indirekt zu beeinflussen suchen. Insofern, als somit die Parteien in die Lage versetzt werden einen wesentlich ‚öffentlichkeitswirksameren' Wahlkampf zu führen (mehr Wahlplakate, Werbespots etc. verbreiten können) als die parteiliche Konkurrenz. Das diese Spenden indes nicht nur Vorteile, sondern andererseits auch immense

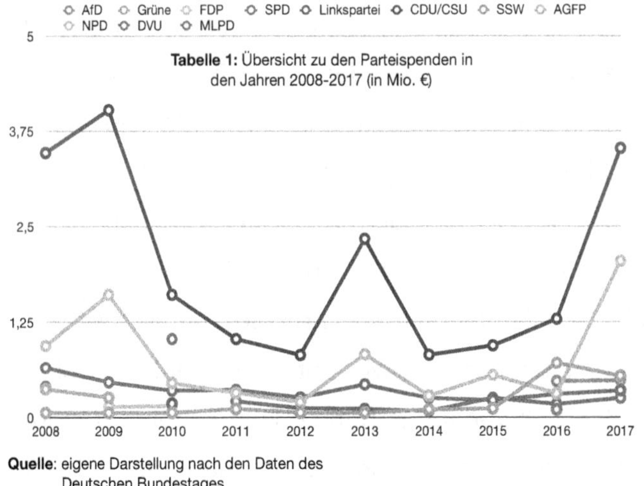

Tabelle 1: Übersicht zu den Parteispenden in den Jahren 2008-2017 (in Mio. €)

Quelle: eigene Darstellung nach den Daten des Deutschen Bundestages

Abhängigkeiten schaffen, wird sich später mit Blick auf die Persönlichkeiten (=die Spender) zeigen.

Man sollte allerdings nicht der Illusion verfallen, Parteispenden beträfen nur diese beiden Parteien. Es zeigt sich vielmehr, dass alle Bundestagsparteien sowie weitere Organisationen massiv von solchen Summen profitieren, wenn auch nicht in dem Maße wie beispielsweise eine CDU/CSU. Auch die einstige ‚Arbeiterpartei' der SPD erhält vielfach Unterstützung aus jenen Quellen. Zwar sind die Bezüge aus Spenden bis auf die Jahre 2013 und 2017 rückläufig[277], aber gerade in diesen beiden Jahren bildeten sich jeweils Große Koalitionen aus diesen beiden Fraktionen! Ein Schelm, wer nach den Hintergründen dieser Entwicklung fragt.

Des Weiteren sind auch die Grünen längst kein unbeschriebenes Blatt mehr, das gilt insbesondere mit Blick auf die erhaltenen Spenden seit 2013. In diesem Jahr wurden 60.000€ Spendengelder bezogen, 2017 waren es bereits 0,719 Mio. Euro! Auch hier wäre der Bezug zu einer möglichen Beteiligung der Grünen in einer ‚Jamaika-Koalition'[278] auf Bundesebene eine Überlegung wert.

Im Falle der Linkspartei sowie der AfD offenbaren sich die gravierenden Schwächen in puncto Parteispenden, denn es ist schlicht wirklichkeitsfremd zu glauben diese Parteien

---

[277] **rückläufig**: zurückgehend, sinkend
[278] **Jamaika-Koalition** ist ein Bündnis aus CDU/CSU (Parteifarbe: schwarz), FDP (Parteifarbe: gelb) und den Grünen (Parteifarbe: grün), das die Nationalfarben der jamaikanischen Flagge wiedergibt.

erhielten keine solchen ‚Spesen.' Vielmehr ist es so, dass diese nicht an den Bundestag gemeldet werden müssen, da diese unterhalb von 50.000€ liegen (was darüber hinaus auch für die restlichen Parteien gilt). Gerade die AfD zeigt im Hinblick auf die Wahlkampfhilfen, die sie 2017 zur Bundestagswahl bekommen hat, dass eine solche Einflussnahme auch vor ihr nicht halt macht.[279]

Aber auch vermeintlich chancenlose Organisationen, wie die DVU (Deutsche Volksunion), die AGFP (Arbeitsgemeinschaft Friedenspädagogik) sowie in unserem Falle besonders interessant die MLPD kommen zu teils üppigen Zuwendungen. Bei ihnen stellt die sich die Frage des ‚warum?' noch viel dringlicher, da diese kaum bis gar keine Chancen haben politischen Einfluss zu nehmen, sei es aufgrund ihrer Größe (Mitgliederanzahl etc.) oder ihrer ideologischen Ausrichtung (wie zuvor im Falle der MLPD dargelegt).

Nun aber zum Jahr 2017 und der Frage ‚wer steckt den hinter den Spendensummen an die bundesdeutschen Parteien'. Bevor ich zu einzelnen Persönlichkeiten und Unternehmen mit ‚besonders herausragendem Engagement' zu sprechen komme (man möge mir die

---

[279] Vgl. Pittelkow, Sebastian & Katja Riedel (2018): AfD-Wahlkampffinanzierung. Verdacht auf illegale Parteispenden, https://www.tagesschau.de/inland/afd-parteispenden-101.html, abgerufen am 20.11.2018.

ironische Bemerkung an dieser Stelle verzeihen), möchte ich zuvor einordnen aus welchem ‚Bereich' (Wirtschaft, Politik, Börse) diese kommen. Quer durch sämtliche Parteien fällt auf, dass die Spenden fast ausschließlich aus wirtschaftlichen Unternehmen oder solchen Persönlichkeiten kommen bzw. von Aktionären getätigt wurden.[280] Eine Ausnahme bildet hier die MLPD, deren Spender ein schlichter Arbeitnehmer zu sein scheint. Dass, insbesondere vor dem Hintergrund der Spendensumme (immerhin 250.000€) Zweifel auftreten, ist nachvollziehbar. Wie ist es sonst erklärbar, dass ein vermeintlich ‚normaler Arbeiter' a,) so viel Geld besitzt (man könnte wie in diesem Falle mit einem Erbe oder ähnlichem argumentieren) und b,) dieses vollständig einer Organisation zur Verfügung stellt, die (ohne anmaßend klingen zu wollen) wahrscheinlich das Parlament niemals von innen sehen dürfte? Aber nicht nur die MLPD sondern ebenfalls die DKP erhält solch derartige Spendensummen in regelmäßigen Abständen. Somit unterziehe ich auch diese Parteien einer kritischen Betrachtungsweise, wenn ich nachher zu der Kritik dieser ‚Spendenpraxis' komme.

Mit Blick auf die Spender der CDU/CSU im Jahr 2017 fällt auf, dass <u>alle</u> zweifelsfrei dem wirtschaftlichen Bereich

---

[280] siehe Tabelle 1 – Anhang (S. 187-189)

zugeordnet werden können. Unter den Beteiligten finden sich bekannte Namen und Persönlichkeiten wie beispielsweise der Automobilkonzern Daimler (2017: 100.000€), die an dem BMW-Konzern beteiligten Stefan Quandt und Susanne Klatten (2017: 200.004€), der Verband der chemischen Industrie (2017: 150.000€) oder etwa August Oetker KG (besser bekannt als ‚Dr. Oetker') mit einer Spendensumme von 68.000€ im vergangenen Jahr.

Die FDP, immerhin der zweitgrößte Profiteur in Sachen Parteispenden, bezieht seine Spenden ebenfalls aus dem unternehmerischen Bereich, allerdings größtenteils von anderen Firmen und Personen als die Unionsparteien. Hier sind vor allem die Namen Lutz Helmig (dem Begründer der Helios-Kliniken; 2017: 300.000€), Susanne Klatten und Stefan Quandt (BMW; 2017: 100.002€), Hans-Georg Näder (der Geschäftsführer der Firma Ottobock; 2017: 200.000€) sowie die Autovermietung ‚Sixt' (55.000€) und die bayrische Metall- und Elektroindustrie (150.000€) zu nennen.

Aber auch im Falle der einstigen Volkspartei SPD kommen die Spender vordergründig aus Firmen und Konzernen. Dabei fällt das Spektrum mit dem Automobilhersteller Daimler (2017: 100.000€), Ralf Pollmeier (einem Vertreter der Holzindustrie, 100.000€) und dem Chemiekonzern

‚Evonik Industries' (80.000€) zahlenmäßig vergleichsweise gering aus, ist allerdings nicht minder problematisch.

Die Grünen weisen insofern eine größere Bandbreite (wenn auch finanziell noch nicht auf dem Niveau von Union und FDP) an Spendern aus, als sich unter ihnen auch Angehörige aus dem Bereich der Anleger wiederfinden. Hierbei sind Frank Hansen (Initiator der Bewegungsstiftung für soziale Projekte, 100.000€), der Anleger Jochen Wermuth (200.000€) sowie die Organisationen Südwestmetall und der Verband der baden-württembergischen wie bayrischen Metall- und Elektroindustrie (Verband Baden Württemberg: 110.000€; bayrischer Verband: 60.000€) zu nennen.

Zu guter Letzt werfen wir noch einen Blick auf die dänische Minderheitenpartei SSW[281], denn dieser bildet unter den betrachteten Parteien mit Spendenbezug eine gewisse Ausnahme. Alle Spenden gegenüber dem SSW wurden durch das dänische Kultus- bzw. Unterrichtsministerium vollzogen (2017: 361.800,84€). Nun könnte man meinen, diese Zahlen sind schön und gut, vielleicht gewissermaßen aufschlussreich, aber was hat das mit revolutionären Perspektiven gemein? – Der Einwurf ist sicherlich nicht

---

[281] **SSW**: Südschleswiger Wählerverband, eine Regionalpartei in Schleswig-Holstein, welche die dänische Minderheit vertreten soll (ist von der 5%-Hürde ausgenommen).

unberechtigt, aber es geht mir vorrangig erst einmal um die Informierung der Menschen, das heißt, zuerst muss man einen Einblick in die Spendenproblematik aktuell geben, denn ohne einen solchen Überblick, ist eine Kritik und die anschließende Betrachtung von Perspektiven nutzlos.

Die Zahlen weisen natürlich ihre Schwächen auf. Zum einen müssen Spenden unterhalb von 50.000€ nicht öffentlich gemacht werden. Das führt zu einer starken Beeinträchtigung der Aussagekraft der Zahlen, denn man könnte durchaus den Eindruck gewinnen, dass insbesondere die Linkspartei und die AfD kaum Spenden erhalten und somit die ‚bessere Wahl' darstellen. Dem ist aber nicht so! Vielmehr ist wahrscheinlich, dass diese Parteien (darüber hinaus auch alle weiteren) vermehrt Spenden unterhalb dieser Grenze erhalten und somit diese schlicht nicht bekannt gegeben werden. Ein weiteres Manko weisen die Zahlen im Hinblick auf die Veröffentlichung von Klarnamen auf. Hier ist auffällig, dass durchaus häufig mit dem Namen von Privatpersonen gearbeitet wird (beispielsweise im Falle BMW), um somit letztlich eine Zuordnung der Spender zu Unternehmen zu erschweren. Was allerdings auch für die Parteien Vorteile hat, denn so müssen diese sich keine unangenehmen

Fragen im Zusammenhang mit ihren bezogenen Spenden gefallen lassen.

Das Problem der Parteispenden als solches liegt meiner Ansicht nach aber vor allem an der Einflussnahme von wirtschaftlichen Unternehmen auf politische Entscheidungen und mangelnder Transparenz in puncto Öffentlichkeit, das heißt, wann müssen Spenden überhaupt veröffentlicht werden. Denn das insbesondere Wirtschaftsunternehmen diese finanziellen Leistungen nicht aus reiner ‚Nächstenliebe' oder wie führende Konzernspitzen es gerne behaupten als ‚Spende für die Demokratie'[282], sondern in Erwartung einer Gegenleistung seitens der politisch Verantwortlichen, erbringen ist allzu augenfällig. Vor diesem Hintergrund möge sich das zögerliche Verhalten der Bundesregierung in Sachen Hardware-Nachrüstungen für Dieselfahrzeuge etwas anders darstellen als offiziell bekundet! Wie auch sonst ist es zu erklären, dass keine verbindlichen Forderungen gegenüber den Konzernen zustande kommen, wo doch eine technische Umrüstung längst kein Problem mehr darstellt?! Wer sich in solch dubiosen Seilschaften hineinbegibt muss sich nicht wundern, wenn es eines Tages zum Konflikt zwischen der ‚Volksvertretung'

---

[282] Vgl. Kitscher, Wolfgang (2018): https://www.nrz.de/staedte/essen/nur-evonik-behaelt-bei-den-parteien-die-spendierhosen-an-id215128035.html, abgerufen am 14.11.2018.

einerseits und den Abhängigkeiten gegenüber Unternehmen andererseits kommt.

Im Großen und Ganzen lassen sich folgende Punkte in der Kritik wie den Perspektiven im Hinblick auf die Spendenproblematik aufzeigen:

- das Problem stellen Parteispenden von Wirtschaftsunternehmen dar, da diese eine Abhängigkeit der politisch Verantwortlichen von den Konzernen schaffen (siehe Dieselskandal etc.)

- Parteispenden sind ein Problem aller derzeitigen Parlamentsparteien (auch von Organisationen wie der MLPD), da diese, wissentlich oder nicht, in einen Interessenskonflikt geraten (eigentlicher Auftrag vs. Gefallen für erhaltene Spenden)

- mit der Grenze von 50.000€, ab der Spenden erst öffentlich gemacht werden müssen und der häufigen Nutzung von ‚Privatnamen' zur Verschleierung, werden viele Spenden nicht erfasst!

Folglich wäre es hilfreich die nachstehenden Ideen weiter zu verfolgen:

- eine Pflicht zur vollständigen Offenlegung sämtlicher Parteispenden, unabhängig von der Höhe der Spende

- ein Verbot für Spenden durch Firmen und Anleger für politische Parteien

- eine Übergangszeit von fünf Jahren für Privatpersonen, die in führenden Positionen ‚der Wirtschaft' tätig waren, in der diese nicht für Parteien spenden dürfen!

3. Die Diäten von Politikern und deren Nebeneinkünfte:

Wirft man einen Blick auf die Entwicklung der Gehälter im Bundestag in den letzten zehn Jahren, so zeigt sich eine rasante Entwicklung. Lag das ‚Grundgehalt'[283] 2008 noch bei 7.339€ je Monat, so stieg dieses im Jahr 2013 bereits auf 8.252€ und erreichte im Jahr 2017 einen neuen Höchststand von 9.542€.[284] Doch weshalb ist das so? Zum einen liegt dies in der Orientierung an Gehältern hoher Richter (man habe ja schließlich das gleiche Maß an Verantwortung). Zum anderen wurden die Diäten an die allgemeine Lohnentwicklung gekoppelt, das heißt, je höher das allgemeine Lohnniveau in Deutschland liegt, desto höher fallen auch die Bezüge im Bundestag aus. Folglich würde ein sinkendes Lohnniveau auch zu einer kleineren Diät führen – das allerdings, da sind sich Ökonomen unterschiedlicher Ausrichtung einig, gilt als nahezu ausgeschlossen. Ein weiterer Vorteil, der sich mit dieser Praxis ergibt, ist, dass der Bundestag nicht stets über eine

---

[283] **Grundgehalt** meint den Bezug der festgelegten Diät (ohne weitere Nebeneinkünfte).

[284] Vgl. Pronold, Florian (2018): Die Diäten – das Gehalt eines Abgeordneten, https://glaeserner-abgeordneter.de/infotour/diaeten, abgerufen am 19.9.2018.

Erhöhung abstimmen muss (was gerade in Zeiten nahestehender Wahlen für gerechtfertigten Unmut beim Steuerzahler führen würde). Der Bundestag respektive dessen Mitglieder haben sich also eine Art Blankoscheck für künftige Gehaltserhöhungen gesichert. Die Zustimmung bei derartigen Abstimmung überstrahlt derweilen auch parteipolitische Differenzen. Egal ob Linkspartei, FDP oder neuerdings AfD, alle Fraktionen sind in dieser Hinsicht vollkommen gleich. Ist das einzig ein Phänomen des Bundestages oder lassen sich auch auf Landesebene solche Mechanismen erkennen?

Die Gehälterspanne in den Landtagen ist indes recht groß und reicht von 9.500€ (NRW, also nahezu das Bundestags-Niveau), bis hin zu 2.550€ im Stadtstaat Bremen. [285] Natürlich könnte man anmerken, dass es in unterschiedlichen Regionen verschieden hohe Lebenshaltungskosten (beispielsweise in Sachen Miete usw.) gibt. Doch weshalb ist dann der monatliche Bezug eines Parlamentariers in Berlin (3.526€), der Stadt mit einer enormen Steigerung der Mietkosten, so viel geringer als in Mecklenburg-Vorpommern (5.261€)? Oder warum fällt die Besoldung eines Abgeordneten in Bayern (7.060€) so viel

---

[285] Vgl. o.A. (2016): So viel verdienen Landtagsabgeordnete, https://rp-online.de/politik/deutschland/wie-viel-verdienen-landtagsabgeordnete_iid-10860495, abgerufen am 19.9.2018.

geringer aus, wie in Nordrhein-Westfalen (9.500€)? Sicherlich könnte man darüber hinaus fragen, warum sich den Kopf zerbrechen ‚die verdienen doch alle mehr als genug!' Das ist richtig, doch sollte man dabei nicht außer Acht lassen, dass es auch hier Ungerechtigkeiten zwischen den Parlamenten gibt, die etwa mit einer annähernd gleichen Entlohnung beglichen werden könnten. Jedoch belassen es viele Abgeordnete nicht bei ihrer Diät, sondern sind der Meinung, ihren kargen Lebensunterhalt aufbessern zu müssen. Das gilt speziell für den Bundestag. Ich möchte nun aufzeigen, wie viele Parlamentarier Nebeneinkünfte haben und welche Probleme ich vor diesem Hintergrund sehe.

Verinnerlicht man sich den Anstieg der Diäten in den vergangenen zehn Jahren (immerhin eine Gehaltsaufbesserung um schlappe 30,02%) und führt sich dann vor Augen, dass 154 der aktuell 709 Abgeordneten Nebeneinkünfte haben, dann drängt sich einem die Frage nach der Verhältnismäßigkeit solcher Handlungen auf.[286] Besonders ‚eifrig' sind in diesem Zusammenhang wieder einmal die Mitglieder von Union und FDP, die mit 26% bzw. mit 44% die mit Abstand meisten Nebenverdienste

---

[286] Vgl. Holscher & Pauly 2018: Max & Marcel Pauly (2018): Nebeneinkünfte. Das sind die Topverdiener im Bundestag, http://www.spiegel.de/politik/deutschland/nebeneinkuenfte-im-bundestag-was-abgeordnete-dazuverdienen-a-1200365.html, abgerufen am 19.9.2018.

aufweisen.[287] Die folgende Grafik gibt Aufschluss über die Gesamtzahl der Nebeneinkünfte (2013-2017) nach den Parteien.

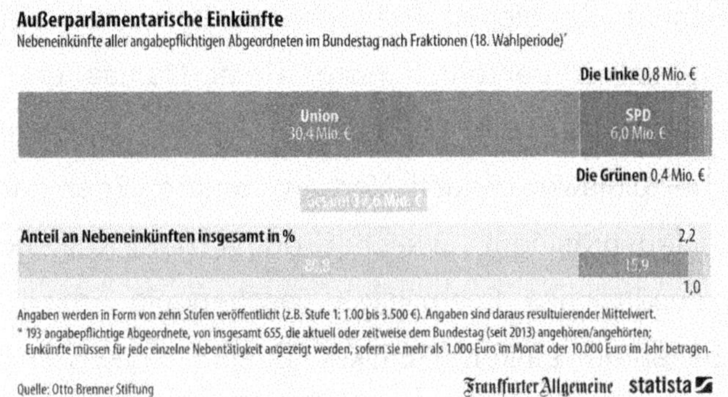

Quelle: o.A. (2017): Top-Verdiener im Bundestag. Diese Politiker kassieren die höchsten Nebeneinkünfte, https://www.faz.net/aktuell/politik/inland/die-hoechsten-nebeneinkuenfte-der-bundestagsabgeordneten-15133338.html, abgerufen am 19.09.2018.

Für den Zeitraum von 2013 bis 2017 ergibt sich also, dass die Union allein über 80% der Zusatzverdienste in den eigenen Reihen vorzuweisen hat. Es folgt die SPD mit einem Anteil von ca. 16%, die Linkspartei mit 2,2% sowie die Grünen mit 1%. Aber Moment! War zuvor nicht von der FDP die Rede, welche die meisten Mitglieder mit Nebeneinkünften aufweist? Das stimmt, aber diese Grafik bezieht sich auf die Zeitspanne zwischen 2013 und 2017, einer Zeit in der die FDP nicht im Bundestag vertreten war

---

[287] Vgl. Grafik Otto Brenner Stiftung 2017.

und folglich ihre Mitglieder auch keine ‚Nebenverdienste' in diesem Sinne erzielten. Darüber hinaus wurden allein im Jahr 2013 Zusatzverdienste in Höhe von 26,5 Mio.€ verzeichnet. Zu diesen Personen zählten unter anderem der ehemalige Verkehrsminister Peter Ramsauer (CSU), der von einem arabischen Lobbyverein unterstützt wurde.[288] Aber beispielsweise auch Norbert Lammert (der damalige Bundestagspräsident), welcher durch den Kohlekonzern RAG zusätzliches finanzielles Taschengeld erhielt sowie der bekannte Linken Politiker Gregor Gysi mit einem Zusatzeinkommen von stolzen 237.500€.

Legt man die Zahlen der bisherigen Wahlperiode (2017-2018) zugrunde dann wurden bereits jetzt Nebenverdienste im Gesamtumfang von 5,5 Mio.€ gemacht! Die Unionsparteien stellen mit 2,8 Mio. den größten Anteil, gefolgt von den Abgeordneten der FDP (1,3 Mio.€). Es folgen die AfD (685.000€), die SPD mit 508.000€, die Linkspartei mit 98.000€ sowie die Grünen (19.500€).[289]

Eine erhellende, wenn auch erschreckende Darstellung bietet die nachfolgende Abbildung in der die Anzahl der Abgeordneten mit Nebenverdiensten in der aktuellen

---

[288] Vgl. o.A. (2017): Top-Verdiener im Bundestag. Diese Politiker kassieren die höchsten Nebeneinkünfte, http://www.faz.net/aktuell/politik/inland/die-hoechsten-nebeneinkuenfte-der-bundestagsabgeordneten-15133338.html, abgerufen am 19.9.2018.

[289] Vgl. Holscher, Max & Marcel Pauly (2018): Nebeneinkünfte. Das sind die Topverdiener im Bundestag, http://www.spiegel.de/politik/deutschland/nebeneinkuenfte-im-bundestag-was-abgeordnete-dazuverdienen-a-1200365.html, abgerufen am 19.9.2018.

Legislaturperiode. Hier zeigt sich, dass allein 26% aller Zusatzverdienste den Mitgliedern der Unionsparteien zuzuordnen sind. Weiterhin sind auch, wie bereits erwähnt, die FDP-Abgeordneten mit 44% besonders ‚engagiert', wenn es um Arbeitsverhältnisse abseits des Mandats geht. Auf einem Level operieren die AfD (18%), die SPD (15%), sowie die Linkspartei mit einem Anteil von 14% oder 10 Mitgliedern (von 69, siehe Grafik). Die Grünen weisen indes ‚nur' einen Anteil von 7% der Nebenverdiener aus.

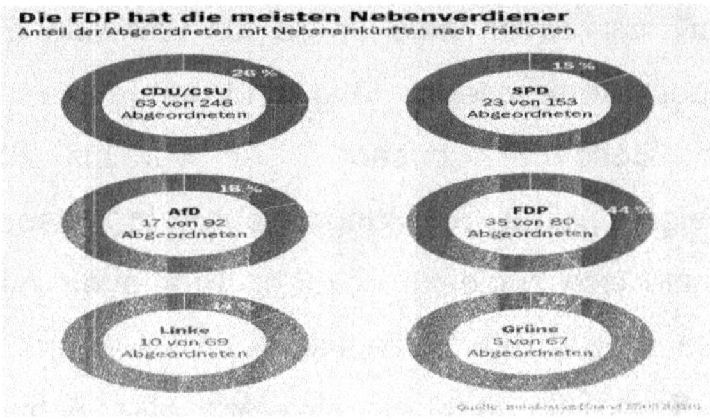

Quelle: Holscher, Max & Marcel Pauly (2018): Nebeneinkünfte. Das sind die Topverdiener im Bundestag, http://www.spiegel.de/politik/deutschland/nebeneinkue nfte-im-bundestag-was-abgeordnete-dazuverdienen-a- 1200365.html, abgerufen am 19.9.2018.

Abseits der Frage der finanziellen Notwendigkeit einer solchen Tätigkeit, geht in diesen Fällen nicht selten ein Problem einher, das ich mit dem Begriff ‚Interessenkonflikt' umschreiben möchte. Dabei wird durch außerparlamentarische Aktivitäten die politische Unabhängigkeit der Entscheidung des einzelnen Abgeordneten faktisch unmöglich. Was heißt das konkret? Konkret hat dies zur Folge, dass ein Mitglied des Bundes- oder Landtages aufgrund seiner Position in einem Unternehmen zwangsläufig auch deren Interessen wiedergibt, die mit unter den politisch-notwendigen Entscheidungen im Wege stehen. Ein Beispiel: Jens Spahn, der derzeitige Gesundheitsminister in der großen Koalition war zuvor viele Jahre für führende Pharmazie- und Apothekenkonzerne tätig und hat diese umfassend beraten. Besonders brisant – er war bis 2010 sogar Anteilseigner einer Beratungsagentur in diesem Bereich und setzte sich zugleich für mehr ‚Freiheiten' der dortigen Industrie ein![290] Ein Einzelfall? – Wohl kaum! Auch die frühere Bundesgesundheitsministerin Ulla Schmidt (SPD) war parallel zu ihrer Position im Bundestag ebenfalls viele Jahre für den Pharmakonzern Siegfried Holding aus der Schweiz tätig![291] Darüber hinaus saß Schmidt auch in den Aufsichtsräten des Pflegebetreibers K&S sowie des

---

[290] Vgl. Müller-Töwe, Jonas (2018): Künftiger Gesundheitsminister. Jens Spahn verdiente an Lobbyarbeit für Pharmasektor, https://www.t-online.de/nachrichten/deutschland/parteien/id_83295652/kuenftiger-minister-jens-spahn-verdiente-an-lobbyarbeit.html,, abgerufen am 16.11.2018.
[291] Vgl. Funk, Albert & Claudia von Salzen (2018): Der Bundestag und die Nebentätigkeiten. Jeder fünfte Abgeordnete hat zusätzliche Einkünfte, https://www.tagesspiegel.de/themen/agenda/der-bundestag-und-die-nebentaetigkeiten-jeder-fuenfte-abgeordnete-hat-zusaetzliche-einkuenfte/20979904.html, abgerufen am 16.11.2018.

Technologiekonzerns Philips (der neben Haushaltswaren auch für Technologien im Gesundheitsbereich zuständig ist).

Doch dieses Phänomen findet sich nicht nur im bundesdeutschen, sondern auch in vielen Regionalparlamenten wieder. Hier ist beispielsweise der Oberbürgermeister der Stadt Auerbach im Vogtland zu nennen, der neben seiner Position als Stadtoberhaupt zugleich eine Stelle im Führungsgremium der AWO (Arbeiterwohlfahrtsverband) innehat. Derlei ‚Engagement' wird allzu oft mit dem Argument begründet, man brauche direkten Kontakt zu den Unternehmen und Verbänden vor Ort um zielgerichtete politische Maßnahmen beschließen zu können. In dem Moment jedoch, wo die vermeintliche Erfahrung von einem unternehmerischen Interesse abgelöst wird, ist meiner Ansicht, nach eine Grenze überschritten! Des Weiteren scheint der Verweis auf den notwendigen Kontakt unglaubwürdig und zwar aus zweierlei Gründen. Erstens, weil daraus in den seltensten Fällen die Interessen der Arbeiter*innen, denn vielmehr jene des dahinter stehenden Konzerns den Vorrang genießen (man blicke nur auf die jahrelange Untätigkeit in Sachen Pflege, die aus dem ‚engen Kontakt' heraus noch fragwürdiger erscheint) und zweitens dafür Gewerkschaften sowie

Interessensgruppen vorhanden sind, welche diese Rolle bereits einnehmen. Meiner Ansicht nach ist diese Begründung nur ein Vorwand, um a,) Nebeneinkünfte zu erhalten und b,) die Interessen der Firmen sowie Industrie noch stärker politisch geltend machen zu können.

Letztlich kann gesagt werden, dass es weder finanziell notwendig, noch arbeitnehmerrechtlich sinnvoll ist, solche Nebentätigkeiten und Bezüge zu erhalten!

Davon bleibt auch der Bundespräsident selbst nicht ausgenommen. Denn nach seiner Amtszeit steht diesem eine üppige Pension (200.000€ jährlich) sowie weitere Privilegien in Form von persönlichen Chauffeuren oder einem voll ausgestatteten Büro zur Verfügung. Diese dekadente[292] Lebensweise von führenden Politikern des Bundestages, der Landtage und des Bundespräsidenten (um nur einige Beispiele aufzuzählen) ist für die Bevölkerung nur schwer zu ertragen! Es wäre definitiv an der Zeit diese überkommenen Privilegien auf den Prüfstand zu stellen!

Zusammenfassend können folgende zentrale Blickpunkte und Forderungen des Themenkomplexes ‚Diäten und Parteispenden' herausgearbeitet werden:

---

[292] **dekadent** meint ein verschwenderisches, nicht angemessenes Verhalten

- das es einen hohen Anteil unverhältnismäßiger Nebeneinkünfte von Bundestagsabgeordneten durch alle Parteien hinweg gibt

- das diese Nebentätigkeiten nicht selten Interessenskonflikte und Abhängigkeiten erzeugen, welche die politische Entscheidung beeinträchtigt, wenn nicht gar unmöglich macht

- dass, die Diäten in den letzten zehn Jahren um gut 30% gestiegen sind und voraussichtlich weiter zunehmen werden

- es in den Bundesländern einen immensen Unterschied in der Bezahlung der Abgeordneten gibt

Daraus ergeben sich einige Forderungen, die eine revolutionäre Alternative zur ‚gängigen Praxis' unabdingbar machen:

- das Verbot von Parteispenden aus wirtschaftlichen Unternehmen sowie eine Sperrfrist von fünf Jahren für führende Personen aus dem Bereich der Wirtschaft, wenn diese das Unternehmen verlassen haben

- die Offenlegung **aller** Parteispenden, unabhängig von deren Höhe

- eine Begrenzung der Diäten im Bundestag auf maximal 6.000€ und für Landtage auf 4.500€

- eine an den Lebenshaltungskosten orientierte, gleiche Bezahlung von Abgeordneten in allen Bundesländern

- das Verbot von Nebentätigkeiten, parallel zum Bundes- oder Landtagsmandat (auch auf regionaler Ebene)

- die Streichung von Privilegien für die Position des Bundespräsidenten und weiterer führender Politiker

- eine Sperrfrist von mindestens fünf Jahren für Politiker, die nach ihrem Mandat eine Tätigkeit in der Wirtschaft anstreben

4. Die Beteiligung von Landesregierungen an Wirtschaftsunternehmen:

Auch der Besitz von Anteilen von Firmen durch Bundesländer ist durchaus umstritten. Das Paradebeispiel bietet hier selbstredend das Land Niedersachsen, das am VW-Konzern mit 11,8% beteiligt ist.[293] Auch hier stellt sich die Frage, inwieweit eine landespolitische Regierung unabhängige Entscheidungen gewährleisten kann, wenn diese zugleich als Anteilseigner eines Wirtschaftsunternehmens agiert. Besonders deutlich wird ein solcher ‚Konflikt' bei Betrachtung des immer noch

---

[293] Vgl. Schwandt Friedrich & Tim Kröger (2018): Aktionärsstruktur der Volkswagen AG (Stand: 31.12.2017), https://de.statista.com/statistik/daten/studie/244590/umfrage/aktienanteile-der-grossaktionaere-von-volkswagen/, abgerufen am 19.9.2018 sowie
Herbert Diess et al. (2018): (2018): Aktionärsstruktur, https://www.volkswagenag.com/de/InvestorRelations/shares/shareholder-structure.html, abgerufen am 19.9.2018.

andauernden Dieselskandals. Hat die niedersächsische Landesregierung ein Interesse Hardware-Nachrüstungen für Dieselfahrzeuge auf Kosten (z.B. des VW-Konzerns) durchzusetzen wohl wissend, dass dies dem Unternehmen Einbußen beschert und somit schließlich auch ihren ‚Gewinn' an den Umsätzen der Firma trübt?

Befürworter könnten dem entgegnen, dass sich durch eine solche Beteiligung gerade erst ein wirksamer Einfluss auf ebensolche Konzerne erzielen lässt. Doch zeugt das Verhalten der niedersächsischen Landesregierung nicht eher vom Gegenteil? Nämlich statt wirksamen Einfluss auf das Unternehmen auszuüben (das überdies noch wissentlich einen Betrug begangen hat), sich eher für die Interessen von VW einzusetzen, als für die der Geschädigten!

Jedoch ist das nicht das einzige Beispiel für eine derartige Einflussnahme durch wirtschaftliche Konzerne auf politische Entscheidungsträger. In Baden-Württemberg wurde nun ein wahrscheinlicher Skandal von Bestechung durch den dort ansässigen Waffenhersteller Heckler und Koch öffentlich, bei dem Mitarbeiter des Unternehmens versuchten mittels Spenden an verantwortliche Politiker in den Reihen von CDU und FDP einer Ausfuhrgenehmigung von Sturmgewehren nach Mexiko etwas ‚nachzuhelfen.'[294] So sollen in den Jahren 2009 und 2010 jeweils 10.000€ an die beiden Parteien im Bundesland geflossen sein, um die Entscheidung, das heißt, eine Genehmigung von Waffenlieferungen nach Mexiko, in ihrem Sinne zu beeinflussen. In diesem Zusammenhang findet sich unter den Empfängern der fragwürdigen Zahlungen auch der Kreisverband des damaligen Unionsfraktionschefs Volker Kauder wieder![295] Während die Spende im Falle der FDP lediglich angeboten wurde, so nahm der CDU-Kreisverband Rottweil diese Summe auch tatsächlich an. Als ob das schon nicht verwerflich genug wäre, beschloss die ortsansässige Staatsanwaltschaft weiterhin auch keine Ermittlungen wegen Bestechung aufnehmen zu wollen.

Das sind gewiss nicht die einzigen Erscheinungen von fragwürdigen Beziehungen zwischen Wirtschaftsunternehmen und politisch Verantwortlichen. Doch zeigen sie recht klar und zweifelsfrei, dass mit den bestehenden parteilichen wie personellen Kräften keine essentieller politisch-revolutionärer Wandel zu schaffen ist!

---

[294] Vgl. o.A. (2018): Verdacht auf Bestechung von Politikern. Heckler & Koch kommt nicht aus den Schlagzeilen, https://www.stuttgarter-nachrichten.de/inhalt.verdacht-auf-bestechung-von-politikern-heckler-koch-kommt-nicht-aus-den-schlagzeilen.9ca3c640-1247-4a84-8bb4-14eee22a8f5b.html, abgerufen am 19.9.2018.

[295] Vgl. o.A. (2018): „Report Mainz"-Recherche. Wollte Waffenhersteller Heckler & Koch Politiker beeinflussen, https://www.mdr.de/nachrichten/politik/inland/heckler-und-koch-politiker-waffen-mexiko-report-mainz-100.html, abgerufen am 19.9.2018.

Insgesamt lassen sich aus dem Sachverhalt folgende kritikwürdige Punkte herausstellen:

- eine Beteiligung von Bundesländern an Unternehmen dient weniger deren Kontrolle, sondern gegenteilig dazu, die wirtschaftlichen Interessen noch effizienter verfolgen zu können

- Bestechung ist nach wie vor ein immenses Problem, dass vor allem durch bestehende ‚Seilschaften' zwischen (auch führenden) Parteimitgliedern und Konzernen besteht

- die Justiz nicht in der Lage ist, derartige Straftaten und Verfehlungen zu ahnden, sofern es sich bei den Betroffenen um Politiker oder Funktionäre handelt

Daraus eröffnen sich folgende Perspektiven einer revolutionären Politik:

- ein Verbot von Beteiligungen von Bundesländern an Unternehmen

- die Notwendigkeit neue Wege einzuschlagen, da die bestehenden Parteien und Persönlichkeiten **nicht** für eine tiefgreifende politische wie gesellschaftliche Änderung geeignet sind (siehe Bestechung, Beteiligung an Firmen etc.).

5. Die Entwicklung von Managergehältern – eine Deckelung ist dringend geboten:

Wie schon aus dem Titel deutlich wird, sehe ich die Begrenzung von Managergehältern als eine unabdingbare Forderung, wenn man nach revolutionären Alternativen Ausschau hält. Das ergibt sich schon vom Grundsatz der Verhältnismäßigkeit gegenüber der ‚normalen Belegschaft' eines solchen Konzerns, denen eine derartig abnormale Gehaltsspirale (ähnlich wie in puncto Diäten im politischen Bereich) schwerlich zu vermitteln ist.

Blickt man auf die Zahlen zu den Verdiensten der 30 führenden DAX-Konzerne [296] sowie deren Entwicklung, dann ist man fast geneigt vom Glauben an den Menschenverstand abzufallen. Erhielten die Chefs dieser Konzerne im Jahr 2005 das 42fache eines durchschnittlichen Gehalts ihres Angestellten, so hat sich die Schere weiter vergrößert (auf das 71fache).[297] An der Spitze steht der Konzernvorsitzende der Deutschen Post Frank Appel. Dieser erhält im Jahr **232mal** so viel, wie ein ‚normaler Beschäftigter' der Deutschen Post! 2017 war darüber hinaus das ‚beste' Jahr für die Dax-Konzerne,

---

[296] Als **Dax-Konzerne** werden die 30 größten, umsatzstärksten und an der Wertpapierbörse in Frankfurt (Main) vertretenen Unternehmen bezeichnet.

[297] Vgl. Rohwetter, Marcus (2018): Managergehälter. Wie viel ist zu viel, https://www.zeit.de/2018/29/managergehaelter-debatte-unternehmen-loesung, abgerufen am 19.9.2018.

genauer gesagt deren Vorsitzende mit einem durchschnittlichen Erlös von 7,4 Mio.€.[298]

Auch der VW-Vorstand konnte indes von üppigen Bonuszahlungen profitieren, welche um zehn Millionen Euro gegenüber dem Vorjahr anstiegen (auf 50 Mio. €).[299] Vergegenwärtigt man sich, dass zu diesem Zeitpunkt der Abgasskandal um manipulierte Dieselfahrzeuge bereits in vollem Gange war, dann kann von Einschnitten oder gar Konsequenzen für die Konzernführung keine Rede sein!

Die nachfolgende Übersicht verdeutlicht diesen Zusammenhang noch einmal sehr treffend und zeigt, dass von den einst ins Visier genommenen Zielen seitens der politisch Verantwortlichen (man wolle die Managergehälter deckeln) nichts übrig geblieben ist!

---

[298] Vgl. Freiberger, Harald (2018): Dax-Konzerne. Manager-Gehälter gehören gedeckelt, https://www.sueddeutsche.de/wirtschaft/dax-konzerne-manager-gehaelter-gehoeren-gedeckelt-1.3920149, abgerufen am 19.9.2018.
[299] Vgl. Neuscheler, Tillmann (2018): Managervergütung. Gehälter der Dax-Chefs deutlich gestiegen, http://www.faz.net/aktuell/wirtschaft/unternehmen/manager-gehalt-verdienst-der-dax-chefs-deutlich-gestiegen-15495984.html, abgerufen am 19.9.2018.

Quelle: Neuscheler, Tillmann (2018): Managervergütung.
Gehälter der Dax-Chefs deutlich gestiegen,
http://www.faz.net/aktuell/wirtschaft/unternehmen/man ager-gehalt-verdienst-
der-dax-chefs-deutlich- gestiegen-15495984.html, abgerufen am 19.9.2018.

Denn weder Mattias Müller von Volkswagen, noch Herr Zetsche (Daimler) sind für die Taten ihres Konzerns auch nur annähernd ausreichend zur Verantwortung gezogen worden! Stattdessen werden Jahr um Jahr immer waghalsigere Summen und Boni ausgezahlt, die jeder Verhältnismäßigkeit entbehren. Oft wird in diesen Kreisen mit der herausgehobenen Position oder dem hohen Maß an Verantwortung argumentiert, doch kann mit Blick auf diese Zahlen kein Mensch ernsthaft ein solches Ungleichgewicht rechtfertigen! Es stimmt, als Chef hat man eine besondere Verantwortung für sich und seine Belegschaft. Es stimmt ebenfalls, das eine höhere Entlohnung legitim wäre – aber das ist nicht der entscheidende Punkt. Vielmehr sollte immer eine gewisse Verhältnismäßigkeit sichergestellt werden. Wenn man sich das Gehalt des Post-Chefs Appel vor Augen führt und die Bezahlung wie Arbeitsbedingungen seiner Mitarbeiter entgegenstellt, ist klar: das ist nicht fair! Es muss eine Deckelung von Managergehältern geben, welche die Verhältnismäßigkeit einerseits, wie der Verantwortung solcher Positionen Rechnung trägt.

Abschließend können für diese Problemstellung die nachstehenden Punkte als wichtigste genannt werden:

- die Managergehälter von Deutschlands führenden Unternehmen entsprechen keineswegs einer wie auch immer gearteten Verantwortung oder Position

- die Praxis ‚Boni' (Bonuszahlungen) zusätzlich zu den enormen Grundgehältern zu zahlen, ist nicht nur verwerflich, sondern auch gegenüber den eigenen Angestellten nicht gerecht

- die Verantwortlichen in den Parlamenten sind allerdings entweder nicht Willens diesen Umstand zu ändern oder können dies nicht (aufgrund von Abhängigkeiten/Parteispenden?)

Somit lassen sich, im Hinblick auf die revolutionären Perspektiven, folgende Forderungen ableiten:

- eine gesetzliche Pflicht zur Deckelung von Managergehältern, auf ein vertretbares Maß

(beispielsweise: die zehnfach so hohe Vergütung eines durchschnittlichen Lohnes in dem Bereich)

- die Streichung von Bonuszahlungen an Aktionäre sowie Vorstandsmitglieder

6. Resümee:

Das Ziel des Buches war es keineswegs den ‚Königsweg' für kommende politische Handlungen zu geben. Stattdessen konnten sowohl in theoretischer Hinsicht wie in aktuellen praktischen Problemen bestehende Konflikte sichtbar gemacht werden, die eine neuartige Form der Parteipolitik und somit des politischen Denkens insgesamt notwendig macht. Selbstredend konnten nicht alle Themen in diesem Buch behandelt werden. Das bedeutet nicht, dass andere Sachverhalte, wie die Problematik von Rüstungsexporten, der Umweltschutz und die Verantwortung des Einzelnen dafür oder die Migrationspolitik weniger relevant wären, als die hier dargestellten Themenbereiche. Aber allein aufgrund des begrenzten Umfangs eines solchen Buchs können nicht alle Konflikte auch ausreichend betrachtet werden. Mit ging es lediglich, wie aus dem Titel ersichtlich, um die Darstellung einiger Probleme, die in dem bundesdeutschen politischen System bestehen und darum dementsprechende

Anregungen für Änderungen zu geben. Des Weiteren besteht ein zentrales Ziel dieses Buchs in der Anregung einer breiten gesellschaftlichen Debatte. Dabei sollten vor allem die Fragen *,ist das momentane parteipolitische Handeln rechtmäßig'* bzw. gibt es Brennpunkte, in denen dieses Handeln an seine Grenzen gerät und *,wie wir heute und in Zukunft die Politik sowie die Gesellschaft gestalten wollen'* im Fokus stehen.

Die bestehenden ,revolutionären Organisationen' (KPD, DKP, MLPD, SGP) bieten indes keine Alternative für die heutige Zeit, da sie sich einerseits an gesellschaftlichen Annahmen ausrichten, die für die heutige Gesellschaft nicht ohne Weiterentwicklung gelten können. Darüber hinaus ist der engstirnige Weg dieser Parteien, die für sich selbst die absolute Wahrheit zu beanspruchen suchen nicht fähig, angemessen auf aktuelle Probleme unserer Zeit (Pflege, Dieselskandal usw.) präzise Antworten zu geben. Letztlich ist auch deren Orientierung an menschenrechtlich fragwürdigen Personen und Regimen (Stalin, Mao etc.) sowie die teils unreflektierte Art der Geschichtsauffassung (insbesondere mit Blick auf die DDR) Grund genug, sich von dieser Art ,Revolution' zu verabschieden.

Gleichfalls konnte allerdings auch deutlich gemacht werden, dass die heutige bundesdeutsche Gesellschaft dennoch aus Klassen besteht, die sich aber von denen des 19. und 20. Jahrhunderts wesentlich unterscheiden. Anstelle des Gegensatzes zwischen Kapitalisten einerseits und den Proletariern andererseits, findet nun eine Unterscheidung mit Blick auf den ‚Seltenheitswert' einer Person oder eines Gutes statt. Eine Art Wettbewerb in welchem alle Menschen und Waren nach der größtmöglichen Einzigartigkeit streben, um von anderen Wettbewerbsteilnehmern als ‚wertvoll' und ‚unverwechselbar' wahrgenommen zu werden. Diese Schlacht um Attraktivität beschränkt sich derweilen nicht nur auf wirtschaftliche Bereiche (wie beispielsweise den Kauf oder Verkauf von Waren bzw. die Jobsuche), sondern hält nun auch zusehends Einzug in gesellschaftlich-soziale Bereiche wie der Bildung oder der Kultur. Dennoch gibt es Punkte, an denen die marxistische Theorie auch heute noch gültig ist, wie am Beispiel der Entfremdung im Pflegeberuf gezeigt wurde.

Doch allein mit gesellschaftlichen Analysen und der Kritik an ausgewählten Problemen (Pflege, Arbeitsmarkt, Parteien und Parteispenden etc.) wäre wenig gewonnen, wenn man sich nicht um Lösungen bemühen würde. Für jeden hier aufgeführten Bereich der Perspektiven wurden entsprechende Lösungen präsentiert, die aus meiner Sicht sowohl umsetzbar, als auch notwendig erscheinen. Das betrifft sowohl den Bereich der Sozialpolitik mit den Schwerpunkten der Pflege sowie der Arbeitslosigkeit, die ein stärkeres Eingreifen des Staates in Form von gesetzlichen Standards (Lohn, Personalschlüssel für den Fall der Pflege) und eine Orientierung auf die Bedürfnisse der Betroffenen selbst (im Falle der Arbeitsagenturen, weg vom quotenorientierten Modell, hin zur Berücksichtigung dessen was die Menschen brauchen und wo ihre Stärken liegen).

Des Weiteren konnte auch deutlich gemacht werden, wo die derzeitigen Probleme zwischen der Bevölkerung und den parteilichen Akteuren liegen – beim Verlass. Wenn, und danach sieht es derzeit gewiss nicht aus, die Politiker aller Parteien nicht bald erkennen, dass die Bevölkerung ein Recht darauf hat, dass Politiker ehrlich sind und nur jene Dinge in Aussicht stellen, die sie bisweilen auch umsetzen können, wird sich ein in Zukunft nur schwer zu überwindender Graben zwischen beiden auftuen. Mit einem gegenseitigen Überbietungswettbewerb um die am besten klingenden Lösungen ist jedoch nichts getan, denn das derzeitige Defizit im politischen Bereich liegt tiefer. Vertrauen lässt sich am besten herstellen und bewahren, wenn die Verantwortlichen eigene Fehler und

Versäumnisse zugeben können und endlich von inhaltsleeren Parolen à la Steuererleichterungen Abstand nehmen. Es braucht verlässliche Aussagen ohne jedwede Beschönigung und eine Diskussionskultur, die diesen Namen auch verdient! Damit sind vor allem Diskussionsrunden, wie die im November stattgefundene Veranstaltung von Angela Merkel in Chemnitz gemeint.[300] Solche zwar medienwirksamen aber diskussionsfeindlichen Foren verschärfen das vorhandene Vertrauensdilemma mehr, als sie helfen dieses abzubauen. Viel nutzbringender wäre an der Stelle eine wirklich offene Veranstaltung, ohne vorherige Auswahl der Teilnehmer, ohne eine Begrenzung derer, die Fragen stellen können und ohne einen zuvor bereits festgeschriebenen ‚Typ Frage', mit dem kritische Wortmeldungen quasi ausgeschlossen werden.

Anhand aktueller Zahlen konnte zudem nachgewiesen werden, dass die derzeitigen Parteien durch finanzielle Spenden von wirtschaftlichen Konzernen nicht mehr in der Lage sind unabhängige Entscheidungen zu treffen! Das trifft insbesondere auf die Union und die FDP zu, die in dieser Hinsicht besonders ‚engagiert' sind. Jedoch sind auch alle anderen Bundestagsparteien (von der AfD bis zur Linkspartei) Teil dieser Prozesse und insofern nicht

---

[300] Vgl. Lindner, Udo (2018): „Ich verstehe die Empörung", in: Freie Presse 56 (268), S. 1.

geeignet einen tiefgreifenden Wandel im politischen Prozess zu gewährleisten. Weiterhin hat sich auch gezeigt, dass Politiker aller Bundestagsparteien sich der ‚Praxis' von Nebenverdiensten bedienen, die nicht selten im Widerspruch zu einer unabhängigen Entscheidung stehen. Am Beispiel prominenter Parteipolitiker (von Jens Spahn bis Gregor Gysi) wird mehr als sichtbar, dass diese Organisationen keine Alternativen bieten, weil sie selbst von den derzeitigen Umständen profitieren.

Letztlich hat auch der Blick auf die Managergehälter und die bisherige Untätigkeit der Politik diese zu regulieren, einen nicht unerheblichen Stellenwert, wenn man sich die Frage nach einer gerechteren, sozialeren gesellschaftlichen wie politischen Ordnung stellt.

Mit den bestehenden parteilichen Kräften wie Persönlichkeiten ist, wie bereits angemerkt, kein tiefgehender Wandel dieser Probleme zu erwarten. Sie sind vielmehr Teil der vielfältigen Konflikte, wenn nicht gar (wie im Falle von Hartz-IV oder der Pflegepolitik) Urheber dieser! Nicht das politische System als solches ist es, dass diese Probleme hat entstehen lassen – es sind die parteilichen Akteure, die ihre Verantwortung zum Wohle des Volkes gegen Parlamentssitze und finanziellen Größenwahn eingetauscht haben. Daher ist es nun an der Zeit, neue

Wege zu gehen. Weg von einem Politikverständnis, dass vordergründig Wahlen bzw. die Wiederwahl ins Zentrum politischer Anstrengungen stellt, hin zu einer permanenten Diskussionskultur um die besten Lösungen und Konzepte. Schließlich helfen auch aufgegriffene Vorurteile (z.B. im Falle der Begriffe Sozialismus und Revolution) und der überbordende Gebrauch solcher Begriffe nicht dabei, den eigenen Horizont für weiterführende Ideen zu erweitern. Wie bereits betont, geht es mir nicht um eine wie auch immer geartete Relativierung der Verbrechen und des Unrechts, die unter den ehemaligen ‚sozialistischen Staaten' begangen wurden. Aber es ist irrsinnig einen Begriff respektive jedwede politische Veränderung, die mit diesen arbeitet von vorn herein zu Gewaltregimen zu verklären, ohne den Beteiligten die Chance zu geben sich zu Wort zu melden. In diesem Sinne, lasst uns gemeinsam darüber reden wie wir in Zukunft unser politisches System gestalten wollen. Für eine sozialistische Revolution! Für eine solidarische Gesellschaft!

Literaturverzeichnis:

- **Arnsperger, Malte (2018):** Civey-Umfrage für Focus-Online. Bürger haben immer weniger Politik-Vertrauen – besorgniserregende Entwicklung im Osten, https://www.focus.de/politik/deutschland/civey-umfrage-fuer-focus-online-buerger-haben-immer-weniger-politik-vertrauen-besorgniserregende-entwicklung-im-osten_id_9530665.html, abgerufen am 6.9.2018.

- **Baron, Christian & Britta Steinwachs (2012):** Faul, Frech, Dreist. Die Diskriminierung von Erwerbslosen durch Bild-Leser*innen, in: Reihe: Kritische Wissenschaften – Klassismus, Band 1, Münster: edition assemblage.

- **Beck, Theresa Koloma (2017):** (Staats-)Gewalt und moderne Gesellschaft. Der Mythos vom Verschwinden der Gewalt, APuZ 67 (4): 16-21.

- **Becker, Kristin & Wolfgang Wichmann (2017):** Wahlarena mit Merkel. Ein Moment für die Krankenpflege, https://www.tagesschau.de/inland/btw17/krankenpflege-105.html, abgerufen am 2.11.2018.

- **Bermpohl, Felix et al. (2017):** Prävalenzen psychischer Erkrankungen bei wohnungslosen Menschen in Deutschland, in: Deutsches Ärzteblatt 114 (2017), Nummer 40, S. 669-670.

- **Bernstein, Eduard (1967):** Die Mängel des Marxschen Klassenbegriffs, in: Fetscher, Iring (Hrsg.): Der Marxismus. Seine Geschichte in Dokumenten (496-498). München: R. Piper & Co. Verlag.

- **Buchstein, Hubertus (2006):** Die Gesellschaftslehre des sowjetischen Marxismus, in: Honneth, Axel (Hrsg.): Schlüsseltexte der Kritischen Theorie (349-351). Wiesbaden: Verlag für Sozialwissenschaften.

- **Bundesbeauftragter für die Unterlagen des Staatssicherheitsdienstes der ehemaligen Deutschen Demokratischen Republik (2018)**: Sammlungen. Stasi und RAF, https://www.stasi-mediathek.de/sammlung/stasi-und-raf/, abgerufen am 20.11.2018.
- **Busch-Geertsema, Volker (2018)**: Wohnungslosigkeit in Deutschland aus europäischer Perspektive, APuZ 68 (25-26): 15-21.
- **Courtois, Stéphane (2010)**: Das Handbuch des Kommunismus. Geschichte – Ideen – Köpfe. München, Zürich: Piper Verlag.
- **Cunow, Heinrich (1967)**: Die marxistische Klasse – kein Berufsstand, in: Fetscher, Iring (Hrsg.): Der Marxismus. Seine Geschichte in Dokumenten (514-515). München: R. Piper & Co. Verlag.
- **Diekmann, Florian (2017)**: Personalmangel in der Pflege. „Wir laufen auf eine Katastrophe zu", http://www.spiegel.de/wirtschaft/soziales/altenpflege-ich-kann-den-pflegeraeten-nur-raten-organisiert-euch-a-1169165.html, abgerufen am 4.9.2018.
- **Diekmann, Florian (2017)**: Statistiktricks. So wird die Arbeitslosigkeit schöngerechnet, http://www.spiegel.de/wirtschaft/soziales/arbeitslosenstatistik-so-hoch-ist-die-verdeckte-arbeitslosigkeit-a-1133354.html, abgerufen am 2.9.2018.

- **Diess, Herbert et al. (2018):** Aktionärsstruktur, https://www.volkswagenag.com/de/InvestorRelations/shares/shareholder-structure.html, abgerufen am 19.9.2018.

- **Engels, Friedrich & Karl Marx (1967):** Der Allgemeine Klassenbegriff, in: Fetscher, Iring (Hrsg.): Der Marxismus. Seine Geschichte in Dokumenten (480-487). München: R. Piper & Co. Verlag.

- **Engels, Friedrich & Karl Marx (1967):** Der Charakter der proletarischen Revolution und ihr Sinn, in: Fetscher, Iring (Hrsg.): Der Marxismus. Seine Geschichte in Dokumenten (648-656). München: R. Piper & Co. Verlag.

- **Fechtner, Gabi et al. (2016):** Programm der Marxistisch-Leninistischen Partei Deutschlands. Gelsenkirchen: Verlag Neuer Weg.

- **Funk, Albert & Claudia von Salzen (2018):** Der Bundestag und die Nebentätigkeiten. Jeder fünfte Abgeordnete hat zusätzliche Einkünfte, https://www.tagesspiegel.de/themen/agenda/der-bundestag-und-die-nebentaetigkeiten-jeder-fuenfte-abgeordnete-hat-zusaetzliche-einkuenfte/20979904.html, abgerufen am 20.11.2018.

- **Fedossejew, P. (1980):** Der Maoismus und die Politik des chinesischen Großmachtchauvinismus, in: Fedossejew, P., I. Grugullewitsch & N. Maslowa (Hrsg.): Maoismus nach Mao. Teil 1. Ideologie und Politik des Großmachtchauvinismus. Moskau: Redaktion Gesellschaftswissenschaften und Gegenwart.

- **Freiberger, Harald (2018):** Dax-Konzerne. Manager-Gehälter gehören gedeckelt, https://www.sueddeutsche.de/wirtschaft/dax-konzerne-manager-gehaelter-gehoeren-gedeckelt-1.3920149, abgerufen am 19.9.2018.
- **Geertsema, Volker-Busch (2018):** Wohnungslosigkeit in Deutschland aus europäischer Perspektive, in: APuZ 68 (25-26): 15-21.
- **Geißler, Rainer (2014):** Die Sozialstruktur Deutschlands. Wiesbaden: Verlag für Sozialwissenschaften.
- **Gerull, Susanne (2018):** „Unangenehm", „Arbeitsscheu", „Asozial" – zur Ausgrenzung von wohnungslosen Menschen, APuZ 68 (25-26): 31-32.
- **Gollasch, Stefani & Sabine Gurol (2018):** Mietpreise in Deutschland sind kräftig gestiegen, http://www.lvz.de/Nachrichten/Wirtschaft/Mietpreise-in-Deutschland-sind-kraeftig-gestiegen, abgerufen am 4.9.2018.
- **Halter, Hans (1938):** Spiegel-Gespräch. „Anarchie bleibt das Fernziel der Menschheit", http://www.spiegel.de/spiegel/print/d-14020636.html, abgerufen am 20.11.2018.
- **Hannemann, Inge & Beate Rygiert (2015):** Die Hartz IV Diktatur. Eine Arbeitsvermittlerin klagt an. Hamburg: Rowohlt Taschenbuch Verlag.
- **Hank, Rainer (2017):** Trotz Vollbeschäftigung. Warum steigen unsere Löhne nicht mehr?,

http://www.faz.net/aktuell/wirtschaft/gehalt-warum-die-loehne-nicht-mehr-steigen-15148659.html, abgerufen am 4.9.2018.

- **Hedeler, Wladislaw (1994):** Stalin – Trotzki – Bucharin. Studien zum Stalinismus und Alternativen im historischen Prozess. Mainz: Decaton Verlag.
- **Heinrich, Daniel (2018):** Innenpolitik. Unzicker: Vertrauen in Politiker schwindet, https://www.dw.com/de/unzicker-vertrauen-in-politiker-schwindet/a-44493645, abgerufen am 6.9.2018.
- **Heinze, Rolf G. (1998):** Die blockierte Gesellschaft. Sozioökonomischer Wandel und die Krise des „Modell Deutschland." Opladen und Wiesbaden: Westdeutscher Verlag.
- **Heller, Hermann (1967):** Definition des Staates, in: Fetscher, Iring (Hrsg.): Der Marxismus. Seine Geschichte in Dokumenten (551-552). München: R. Piper & Co. Verlag.
- **Hildemeier, Manfred (1997):** Interpretationen des Stalinismus, in: Historische Zeitschrift 264, Heft 1: S. 656-664.
- **Himmelrath, Armin (2018):** Angriffe auf Lehrer. Gewalt und Mobbing an jeder zweiten Schule, http://www.spiegel.de/lebenundlernen/schule/gewalt-gegen-lehrer-angriffe-und-mobbing-an-jeder-zweiten-schule-a-1205751.html, abgerufen am 6.9.2018.
- **Hoffmann, Rainer (1979):** Der Maoismus. Anmerkungen zum maoistischen Modell der Gesellschaft, in: Internationales Asienforum (Hrsg.), 10 (67-82). München: Weltforum Verlag.

- **Hofmann, Werner (1984):** Was ist Stalinismus? Heilbronn: Distel Verlag GmbH.

- **Holscher, Max & Marcel Pauly (2018):** Nebeneinkünfte. Das sind die Topverdiener im Bundestag, http://www.spiegel.de/politik/deutschland/nebeneinkuenfte-im-bundestag-was-abgeordnete-dazuverdienen-a-1200365.html, abgerufen am 19.9.2018.

- **Irorio, Marco (2012):** Einführung in die Theorien von Karl Marx. Berlin, Bosten: Walter de Gruyter GmbH und Co. KG.

- **Jumpelt, Christoph (2015):** Aktuell Deutschland. Bundestagsabgeordnete verdienen Millionen nebenher, https://www.dw.com/de/bundestagsabgeordnete-verdienen-millionen-nebenher/a-18624976, abgerufen am 19.9.2018.

- **Karl, Frank D. (1976):** Die K-Gruppen. Entwicklung – Ideologie – Programme. Bonn-Bad Godesberg: Verlag Neue Gesellschaft GmbH.

- **Kitscher, Wolfgang (2018):** https://www.nrz.de/staedte/essen/nur-evonik-behaelt-bei-den-parteien-die-spendierhosen-an-id215128035.html, abgerufen am 14.11.2018.

- **Knobbe, Martin & Wolf Wiedmann-Schmidt (2018):** Abschiedsrede im Wortlaut. Das Maaßen-Manuskript, http://www.spiegel.de/politik/deutschland/hans-georg-maassen-manuskript-der-abschiedsrede-im-wortlaut-a-1236797.html, abgerufen am 20.11.2018.

- **Köbele, Patrick et al. (2018):** Programm der Deutschen Kommunistischen Partei. Essen: CommPress Verlag GmbH.

- **Krennerich, Michael (2018):** Ein Recht auf (menschenwürdiges) Wohnen?, APuZ 68 (25-26): 9-13.
- **Kühl, Stefan (2017):** Gewaltmassen. Zum Zusammenhang von Gruppen, Menschenmassen und Gewalt, APuZ 67 (4): 22-23.
- **Lindner, Udo (2018):** „Ich verstehe die Empörung", in: Freie Presse 56 (268), S. 1.
- **Lochthofen, Boris (2018):** Thüringen überdurchschnittlich betroffen. Trauriger Rekord: so viele Pflegekräfte fehlten noch nie, https://www.mdr.de/thueringen/pflege-personalmangel-100.html, abgerufen am 4.9.2018.
- **Lozek, Gerhard (1994):** Stalinismus – Ideologie, Gesellschaftskonzept oder was? In: Klartext 4 (7-12). Berlin: „Helle Panke" zur Förderung von Politik, Bildung und Kultur e. V.
- **Lukács, Georg (1972):** Ontologie – Marx. Darmstadt und Neuwied: Hermann Luchterhand Verlag.
- **Lukács, Georg (1976):** Revolution und Gegenrevolution. Politische Aufsätze II, in: Benseler, Frank, Jörg Kammler (Hrsg.): Revolution und Gegenrevolution. Politische Aufsätze II. Darmstadt und Neuwied: Hermann Luchterhand Verlag.
- **Luxemburg, Rosa (1967):** Imperialismus als politischer Ausdruck des Kampfes der kapitalistischen Staaten um die >nichtkapitalistischen Reste< des Weltmilieus, in: Fetscher, Iring (Hrsg.): Der Marxismus. Seine Geschichte in Dokumenten (451-452). München: R. Piper & Co. Verlag.

- **Luxemburg, Rosa (2009):** Sozialreform oder Revolution? Zittau: Bernd Müller Verlag.

- **Marx, Karl (1967):** Das Modell der kapitalistischen Wirtschaft, in: Fetscher, Iring (Hrsg.): Der Marxismus. Seine Geschichte in Dokumenten (302-304). München: R. Piper & Co. Verlag.

- **Marx, Karl (1967):** Die Arbeit als Wesen des Menschen, in: Fetscher, Iring (Hrsg.): Der Marxismus. Seine Geschichte in Dokumenten (85-89). München: R. Piper & Co. Verlag.

- **Marx, Karl (1967):** Die Bürokratie bereitet der bürgerlichen Gesellschaft den Weg und hemmt die Verwirklichung der Demokratie, in: Fetscher, Iring (Hrsg.): Der Marxismus. Seine Geschichte in Dokumenten (555-557). München: R. Piper & Co. Verlag.

- **Marx, Karl (1967):** Der Charakter der proletarischen Revolution und ihr Sinn, in: Fetscher, Iring (Hrsg.): Der Marxismus. Seine Geschichte in Dokumenten (648-656). München: R. Piper & Co. Verlag.

- **Müller, Dirk (2018):** Pflege in Deutschland. „Dieser Pflegenotstand ist kein Tsunami, sondern hausgemacht", https://www.deutschlandfunk.de/pflege-in-deutschland-dieser-pflegenotstand-ist-kein.694.de.html?dram:article_id=424447, abgerufen am 4.9.2018.

- **Müller-Töwe, Jonas (2018):** Künftiger Gesundheitsminister. Jens Spahn verdiente an Lobbyarbeit für Pharmasektor, https://www.t-online.de/nachrichten/deutschland/parteien/id_83295652/kuen

ftiger-minister-jens-spahn-verdiente-an-lobbyarbeit.html,
abgerufen am 20.11.2018.

- **Münster, Arno (1973):** Trotzkis Theorie der >> Permanenten Revolution.<< Darmstadt und Neuwied: Hermann Luchterhand Verlag.

- **Negt, Oskar (2001):** Marx. Ausgewählt und vorgestellt von Oskar Negt, in: Sloterdijk, Peter (Hrsg.): Philosophie jetzt! München: Deutscher Taschenbuchverlag.

- **Nehls, Anja (2018):** Obdachlosigkeit. Leben am unteren Rand, https://www.deutschlandfunk.de/obdachlosigkeit-leben-am-unteren-rand.724.de.html?dram:article_id=409005, abgerufen am 4.9.2018.

- **Neuscheler, Tillmann (2018):** Managervergütung. Gehälter der Dax-Chefs deutlich gestiegen, http://www.faz.net/aktuell/wirtschaft/unternehmen/manager-gehalt-verdienst-der-dax-chefs-deutlich-gestiegen-15495984.html, abgerufen am 19.9.2018.

- **Neutatz, Dietmar (2002):** Stalinismus, in: Bohn, Thomas A., Dietmar Neutatz (Hrsg.): Studienhandbuch östliches Europa. Geschichte des russischen Reiches und der Sowjetunion (274-279). Köln: Böhlau, UTB GmbH.

- **o.A. (2016):** Angeblich nur 2,6 Millionen ohne Job. So viele Arbeitslose gibt es wirklich in Deutschland, https://www.focus.de/finanzen/angeblich-nur-2-6-millionen-ohne-job-so-viele-arbeitslose-gibt-es-wirklich-in-deutschland_id_5587877.html, abgerufen am 2.9.2018.

- **o.A. (2017)**: Bildung. <<Pisa>>: Jeder sechste deutsche Schüler oft Mobbing-Opfer, https://www.sueddeutsche.de/news/bildung/bildung-pisa-jeder-sechste-deutsche-schueler-oft-mobbing-opfer-dpa.urn-newsml-dpa-com-20090101-170419-99-119917, abgerufen am 6.9.2018.

- **o.A. (2016)**: „Deutscher Herbst." Terror: DDR bietet RAF Unterschlupf, https://www.mdr.de/zeitreise/ddr-als-unterschlupf-fuer-raf-terroristen-100.html, abgerufen am 20.11.2018.

- **o.A. (2018)**: „Du nennst mich Präsident!" – Macron weist Teenager zurecht, https://www.welt.de/politik/ausland/article177814142/Frankreich-Emmanuel-Macron-weist-Jugendlichen-zurecht.html, abgerufen am 23.9.2018.

- **o.A. (2018)**: Finanzminister Scholz. „Zwölf Euro Mindestlohn sind angemessen", http://www.faz.net/aktuell/wirtschaft/mehr-wirtschaft/mindestlohn-olaf-scholz-fuer-12-euro-15866204.html, abgerufen am 20.11.2018.

- **o.A. (2018)**: Inflation. Reallöhne in Deutschland steigen kaum, https://www.zeit.de/wirtschaft/2018-03/inflation-realloehne-geringer-anstieg-teuerungsrate-statistisches-bundesamt, abgerufen am 4.9.2018.

- **o.A. (2018)**: Jens Spahn. „Wir führen in der Pflege nicht den Sozialismus ein", https://www.zeit.de/politik/deutschland/2018-08/jens-spahn-vorwurf-pflegeheimbetreiber-rendite-sozialwesen, abgerufen am 20.11.2018.

- **o.A. (2017)**: Mietpreise. Hohe Mieten bringen Menschen in Deutschland an Armutsgrenze, https://www.zeit.de/wirtschaft/2017-09/mietpreise-grossstaedte-kosten-studie, abgerufen am 4.9.2018.
- **o.A. (2016)**: Nebeneinkünfte der Abgeordneten. Das sind die größten Raffkes im Bundestag, https://www.stern.de/politik/deutschland/bundestag--die-abgeordneten-mit-den-hoechsten-nebeneinkuenften-7001418.html, abgerufen am 19.9.2018.
- **o.A. (2018)**: Pflegenotstand. Jens Spahn: Pflegekräfte sollen länger arbeiten, http://www.fr.de/politik/pflegenotstand-jens-spahn-pflegekraefte-sollen-laenger-arbeiten-a-1586478, abgerufen am 20.11.2018.
- **o.A. (2018)**: Razzia. Vier Festnahmen in Frankfurt und Offenbach wegen G20-Krawallen, https://www.hessenschau.de/gesellschaft/vier-festnahmen-in-frankfurt-und-offenbach-wegen-g20-krawallen,razzia-gipfel-hamburg-100.html, abgerufen am 20.11.2018.
- **o.A. (2018)**: die Revolution, https://www.duden.de/rechtschreibung/Revolution, abgerufen am 23.9.2018, abgerufen am 23.9.2018.
- **o.A. (2018)**: „Report Mainz"-Recherche. Wollte Waffenhersteller Heckler & Koch Politiker beeinflussen, https://www.mdr.de/nachrichten/politik/inland/heckler-und-koch-politiker-waffen-mexiko-report-mainz-100.html, abgerufen am 19.9.2018.

- **o.A. (2018):** „Schattenbericht" vorgelegt. Arm trotz Arbeit, https://www.tagesschau.de/inland/armutskonferenz-bericht-101.html, abgerufen am 20.11.2018.

- **o.A. (2016):** So viel verdienen Landtagsabgeordnete, https://rp-online.de/politik/deutschland/wie-viel-verdienen-landtagsabgeordnete_iid-10860495, abgerufen am 19.9.2018.

- **o.A. (2018):** Studie der Hans-Böckler-Studie. Mindestlohn reicht nicht fürs Großstadtleben, http://www.spiegel.de/wirtschaft/soziales/mindestlohn-reicht-laut-studie-nicht-zum-leben-in-grossstaedten-a-1204369.html, abgerufen am 20.11.2018.

- **o.A. (2017):** Top-Verdiener im Bundestag. Diese Politiker kassieren die höchsten Nebeneinkünfte, http://www.faz.net/aktuell/politik/inland/die-hoechsten-nebeneinkuenfte-der-bundestagsabgeordneten-15133338.html, abgerufen am 19.9.2018.

- **o.A.:** Trotzkismus, unter: https://de.wikipedia.org/wiki/Trotzkismus, abgerufen am 20.7.2018.

- **o.A. (2018):** Verdacht auf Bestechung von Politikern. Heckler & Koch kommt nicht aus den Schlagzeilen, https://www.stuttgarter-nachrichten.de/inhalt.verdacht-auf-bestechung-von-politikern-heckler-koch-kommt-nicht-aus-den-schlagzeilen.9ca3c640-1247-4a84-8bb4-14eee22a8f5b.html, abgerufen am 19.9.2018.

- **Oppelt, Tanja (2018):** Die soziale Kluft wird immer tiefer. Armut in Deutschland – was will die GroKo dagegen tun, https://www.br.de/nachricht/armut-in-deutschland-was-will-die-groko-dagegen-tun-100.html, abgerufen am 20.11.2018.

- **Perlman, Jennifer & John Parvensky (2006):** Denver Housing First Collaborative. Cost Benefit Analysis and Program Outcomes Report, https://shnny.org/uploads/Supportive_Housing_in_Denver.pdf, abgerufen am 20.11.2018, S. 5-8.

- **Pies, Ingo (2005):** Theoretische Grundlagen demokratischer Wirtschafts- und Gesellschaftspolitik – Der Beitrag von Karl Marx, in: Pies, Ingo, Martin Leschke (Hrsg.): Karl Marx' kommunistischer Individualismus (2-13). Tübingen: Mohr Siebeck.

- **Pittelkow, Sebastian & Katja Riedel (2018):** AfD-Wahlkampffinanzierung. Verdacht auf illegale Parteispenden, https://www.tagesschau.de/inland/afd-parteispenden-101.html, abgerufen am 20.11.2018.

- **Plimak, Jewgeni (1990):** Anatomie der Willkür: Wurzeln des Stalinismus in der Sowjetunion. Berlin: Dietz Verlag.

- **Pronold, Florian (2018):** Die Diäten – das Gehalt eines Abgeordneten, https://glaeserner-abgeordneter.de/infotour/diaeten, abgerufen am 19.9.2018.

- **Reckwitz, Andreas (2017):** Die Gesellschaft der Singularitäten. Berlin: Suhrkamp Verlag.

- **Reybrouck, David van (2017):** Für einen anderen Populismus. Ein Plädoyer. Göttingen: Wallstein Verlag.

- **Renner, Karl (1967):** Der soziale Inhalt des bürgerlichen Staates, in: Fetscher, Iring (Hrsg.): Der Marxismus. Seine

Geschichte in Dokumenten (551). München: R. Piper & Co. Verlag.

- **Rippert, Ulrich & Christoph Vandreier (2010):** Grundsatzerklärung der SGP, unter: https://www.gleichheit.de/resolutionen/grundsatzerklaerung/, abgerufen am 25.7.2018.

- **Rohwetter, Marcus (2018):** Managergehälter. Wie viel ist zu viel, https://www.zeit.de/2018/29/managergehaelter-debatte-unternehmen-loesung, abgerufen am 19.9.2018.

- **Roik, Michael (2006):** Die DKP und die demokratischen Parteien. Paderborn: Ferdinand Schöningh Verlag.

- **Rose, David (2018):** Monatliche Arbeitslosenzahlen. Was die offizielle Statistik verbirgt, https://www.tagesschau.de/wirtschaft/hg-arbeitslosenzahlen-101.html, abgerufen am 2.9.2018.

- **Ruhland, Walter (2016):** Vertrauen der Bevölkerung in die Politik. Ergebnisse einer Repräsentativuntersuchung im Auftrag des Presse- und Informationsamtes der Bundesregierung, https://dbk.gesis.org/dbksearch/download.asp?id=61252, abgerufen am 6.9.2018.

- **Runge, Wolfgang (1994):** Stalinismus. Versuch einer Begriffsbestimmung, in: Neugebauer, Wolfgang (Hrsg.): Von der Utopie zum Terror. Stalinismus-Analysen (11-18). Wien: Verlag für Gesellschaftskritik.

- **Schroeder, Klaus & Jochen Staadt (2010):** Kommunismus in Deutschland, in: Courtois, Stéphane (Hrsg.): Das Handbuch des Kommunismus. Geschichte – Ideen – Köpfe (108-112). München, Zürich: Piper Verlag.

- **Schöwitz, Torsten & Dieter Rolle (2007):** Programm der Kommunistischen Partei Deutschlands. Berlin: Eigenverlag „Wilhelm Pieck".

- **Schwandt, Friedrich & Tim Kröger (2018):** Aktionärsstruktur der Volkswagen AG (Stand: 31.12.2017), https://de.statista.com/statistik/daten/studie/244590/umfrage/aktienanteile-der-grossaktionaere-von-volkswagen/, abgerufen am 19.9.2018.

- **Schwandt, Friedrich & Tim Kröger (2018):** Anzahl der Pflegebedürftigen in Deutschland in den Jahren 1999 bis 2015 (in 1.000), https://de.statista.com/statistik/daten/studie/2722/umfrage/pflegebeduerftige-in-deutschland-seit-1999/, abgerufen am 4.9.2018.

- **Schwandt, Friedrich & Tim Kröger (2018):** Arbeitslosenzahl in Deutschland im Jahresdurchschnitt von 1996 bis 2018 (in Millionen), https://de.statista.com/statistik/daten/studie/1223/umfrage/arbeitslosenzahl-in-deutschland-jahresdurchschnittswerte/, abgerufen am 2.9.2018.

- **Schwandt, Friedrich & Tim Kröger (2018):** Denken Sie, dass die Ursache von Gewalt in der mangelnden Zivilcourage oder der Einschüchterung zu suchen sind?, https://de.statista.com/statistik/daten/studie/152491/umfrage/u

rsache-fuer-die-wachsende-gewalt-in-der-gesellschaft-aussicht-der-buerger/, abgerufen am 6.9.2018.

* **Schwandt, Friedrich & Tim Kröger (2018):** Entwicklung der Reallöhne/ Nominallöhne in Deutschland vom 1. Quartal 2014 bis zum 1. Quartal 2018 (gegenüber Vorjahresquartal), https://de.statista.com/statistik/daten/studie/152761/umfrage/entwicklung-der-loehne-in-deutschland/, abgerufen am 4.9.2018.

* **Schwandt, Friedrich & Tim Kröger (2018):** Schätzung zur Anzahl der Wohnungslosen in Deutschland von 1995 bis 2016 und Prognose bis zum Jahr 2018 (in 1.000), https://de.statista.com/statistik/daten/studie/36350/umfrage/anzahl-der-wohnungslosen-in-deutschland-seit-1995/, abgerufen am 2.9.2018.

* **Schwandt, Friedrich & Tim Kröger (2018):** Wie sehr vertrauen Sie den politischen Parteien?, https://de.statista.com/statistik/daten/studie/153820/umfrage/allgemeines-vertrauen-in-die-parteien/, abgerufen am 6.9.2018.

* **Siedenbiedel, Christian (2018):** Mietpreise in Deutschland. Einkommen halten mit den Mieten nicht Schritt, http://www.faz.net/aktuell/finanzen/einkommen-halten-nicht-schritt-mieten-in-den-reichsten-landkreisen-hoeher-als-kaufkraft-15517586.html, abgerufen am 4.9.2018.

* **Stalinski, Sandra (2017):** Pflegenotstand in Deutschland. Überlastet, ausgebrannt – und weg, https://www.tagesschau.de/inland/pflege-notstand-101.html, abgerufen am 4.9.2018.

* **Stalinski, Sandra (2018):** Wohnungslosigkeit in Deutschland. Zu wenig Wohnungen, zu wenig Hilfe, https://www.tagesschau.de/inland/wohnungslose-105.html, abgerufen am 2.9.2018.
* **Trotzki, Leo (1957):** Verratene Revolution. Zürich: Veritas Verlag.
* **Vates, Daniela (2018):** CSU. Dobrindt ruft die „bürgerliche Revolution" aus, http://www.fr.de/politik/csu-dobrindt-ruft-die-buergerliche-revolution-aus-a-1419786, abgerufen am 23.9.2018.
* **Wemheuer, Felix (2016):** Die westeuropäische Neue Linke und die chinesische Kulturrevolution, APuZ 66 (23): 33-38.

Anhang:

Parteispenden 2008-2017:

Partei	Spendenjahr	Jahressumme
CDU/CSU	2016	1.285.002€
	2015	938.000€
	2014	818.371€
	2013	2.338.817,65€
	2012	818.548,78€
	2011	1.028.463,14€
	2010	1.611.955,79€
	2009	4.031.104,72€
	2008	3.466.197,88€
SSW	2016	474.072€
Bündnis 90/Die Grünen	2016	709.989€
	2015	110.000€
	2014	100.000€

	2013	60.000€
	2012	60.000€
	2011	110.001€
	2010	60.001€
	2009	60.001€
	2008	60.001€
SPD	2016	301.000€
	2015	220.000€
	2014	245.000€
	2013	432.376,06€
	2012	259.472,88€
	2011	355.339,10€
	2010	350.934,90€
	2009	461.345,56€
	2008	651.328,80€
MLPD	2016	170.000€
	2015	252.400€
	2014	75.000€
	2013	110.000€
	2012	115.000€
	2011	213.969,15€
	2008	400.000€
FDP	2016	310.000€
	2015	550.000€
	2014	280.000€
	2013	833.081,24€
	2012	204.024,04€
	2011	320.630,35€
	2010	445.887,41€
	2009	1.609.593,58€
	2008	936.147,28€
AfD	2016	100.000€

Linkspartei	2010	175.000€
NPD	2010	150.225,84€
	2009	140.500€
DVU	2010	1.030.898,97€
AGFG	2009	264.635,41€
	2008	367.591,13€

Parteispenden 2017 – Überblick über Höhe und Spender:

Partei	Monat und Jahr der Spende	Spender/ Akteur	Spendensumme
CDU	**01.2017**	Christoph Alexander Kahl (US-Immobilien GmbH)	100.000€
FDP	01.2017	Dr. Lutz Helmig (Chirurg und Unternehmer Helios-Kliniken)	300.000€
SSW	01.2017	Unterrichtsministerium Dänemark	120.250€
CDU	**02.2017**	Dr. Arend Oetker (u.a. Schwartauer Werke, Mitglied Bundesvereinigung deutscher AG sowie der deutschen Industrie)	110.000€
FDP	**03.2017**	Alexander Mecking	200.000€
		Dr. Georg Jakob Kofler (Manager und Unternehmer, vorrangig in Medienbranche)	60.000€
SSW	03.2017	Unterrichtsministerium Dänemark	120.641,36€
CDU	03.2017	Hans Horst Grosspeter (Chef der Quarzwerke,	83.535€

Partei	Datum	Spender	Betrag
		Mineralverarbeitung)	
		Dr. Theiss Naturwaren GmBH	60.000€
FDP	**04.2017**	R + W Industriebeteiligungen GmbH	56.310€
CDU	04.2017	Trumpf GmbH und Co. KG	100.000€
		Daimler AG	100.000€
SPD	04.2017	Daimler AG	100.000€
Bündnis 90/ Die Grünen	**05.2017**	Frank Hansen (Schwäbisch Hall)	100.000€
FDP	05.2017	Hans Georg Näder (Geschäftsführer Ottobock)	100.000€
CDU	05.2017	Ralf Dommermuth (Chef United Internet AG)	500.000€
		Dr. Georg Kofler	100.000€
CDU	**06.2017**	VHB Grundstücksverwaltung und Beteiligung GmbH & Co. KG	100.000€
		Dr. Hans Joachim Langmann (ehemals Merck)	
		Stefan Quandt (BMW)	370.000€
		Susanne Klatten (geb. Quandt, BMW)	50.001€
		Metall NRW	50.001€
			110.000€
SSW	06.2017	Unterrichtsministerium Dänemark	120.563,53€
FDP	06.2017	R + W Industriebeteiligungen	150.000€
		Stefan Quandt	
		Susanne Klatten	50.001€

			50.001€
CDU	**07.2017**	Patrick Schwarz-Schütte (Black Horse Investment GmbH) August Oetker KG	100.000€ 68.000€
FDP	07.2017	Metall NRW Sixt GmbH (Autovermietung) Lars Dittrich (Unternehmer und Filmproduzent) Droege Group AG FKH Beteiligungs SE	90.000€ 55.000€ 50.100€ 100.000€ 300.000€
SPD	**08.2017**	Ralf Pollmeier (Holzindustrie) Verband der chemischen Industrie	100.000€ 70.000€
FDP	08.2017	Verena Pausder (Firma Fox & Sheep) Verband der chemischen Industrie	50.100€ 75.000€
CDU	08.2017	Verband der chemischen Industrie	150.000€
SSW	**09.2017**	Kultusministerium Dänemark	120.595,95€
CDU	09.2017	Klaus Groth (Immobilienunternehmer) Hans Georg Näder Andreas Lapp (Lapp Gruppe)	100.000€ 100.000€ 100.000€
Bündnis 90/Die Grünen	09.2017	Dr. Leo Plank (Kirkland & Ellis) Jochen Wermuth (Anleger)	73.000€ 200.000€
FDP	**10.2017**	Hans Georg Näder	100.000€
CDU	**11.2017**	Ibeth Biermann (Unternehmerin)	200.000€

		Evonik Industries	
			80.000€
SPD	11.2017	Evonik Industries	80.000€
MLPD	11.2017	Wolfgang Göller (Elektriker)	250.000€
FDP	**12.2017**	Südwestmetall	110.000€
		bayrischen Metall- und	150.000€
		Elektroindustrie	
CDU	12.2017	Südwestmetall + Verband der	150.000€
		Metall- und Elektroindustrie	
		BaWü	
CSU		Verband der bayrischen Metall-	650.000€
		und Elektroindustrie	
Bündnis	12.2017	Südwestmetall + Verband der	110.000€
90/Die		Metall- und Elektroindustrie	
Grünen		BaWü	
		Verband der bayrischen Metall-	60.000€
		und Elektroindustrie	